UNSEREN ÄNGSTEN AUF DER SPUR

VOM MITTELALTER ZUM JAHR 2000

Umschlagabbildung oben: Albrecht Dürer, *Hieronymus Holzschuher*, 1526. Staatliche Museen zu Berlin – Preußischer Kulturbesitz, Gemäldegalerie

Die Deutsche Bibliothek – CIP-Einheitsaufnahme

Duby, Georges:
Unseren Ängsten auf der Spur : vom Mittelalter zum Jahr 2000 / Georges Duby. [Aus dem Franz. von Martina Meister]. – Köln : DuMont, 1996
   Einheitssacht.: An 1000 An 2000 <dt.>
   ISBN 3-7701-3751-5

Das vorliegende Buch basiert auf einer Reihe von Gesprächen, die Michel Faure und François Clauss mit Georges Duby geführt haben. Sie wurden im Nachrichtenmagazin *L'Express* gedruckt und im März 1994 auf *Europe 1* ausgestrahlt. Fabienne Waks hat sie für die Veröffentlichung ergänzt.

Titel der Originalausgabe: An 1000 An 2000. Sur les traces de nos peurs.

Aus dem Französischen von Martina Meister.

Printed in Italy   ISBN 3-7701-3751-5

GEORGES DUBY

UNSEREN ÄNGSTEN AUF DER SPUR

VOM MITTELALTER ZUM JAHR 2000

DUMONT

Inhalt

Vorwort

Wozu überhaupt Geschichtsschreibung, wenn sie nicht den Zeitgenossen helfen will, Vertrauen in die Zukunft zu bewahren und die Schwierigkeiten, denen sie täglich begegnen, zu meistern? Der Historiker darf sich daher nicht in der Vergangenheit einkapseln, sondern muß beharrlich über die Probleme seiner Zeit nachdenken. Als Michel Faure von *L'Express* und François Clauss von *Europe 1* mich um ein Gespräch baten, schien es mir durchaus sinnvoll, ihre Erfahrung als Journalisten mit meiner Erfahrung als Historiker, mein Wissen vom Mittelalter mit den Ängsten des Jahres 2000 zu konfrontieren. Sinnvoll und berechtigt. Die Menschen, die vor acht oder zehn Jahrhunderten lebten, waren nicht mehr oder weniger ängstlich, als wir es heute auch sind, und Geschichtsforschung, wie wir sie heute betreiben, will vermitteln, woran diese Männer und Frauen glaubten, ihre Gefühle und ihr Weltbild. Sie versucht, in den Geist einer Gesellschaft einzudringen, für die das Unsichtbare ebenso allgegenwärtig war, ebensoviel Interesse weckte und ebensoviel Macht besaß wie die sichtbare Welt. Vor allem in dieser Hinsicht unterscheidet sich diese Gesellschaft von der unseren. Und ich bin sicher, daß die Herausarbeitung der Unterschiede, aber auch der Gemeinsamkeiten zwischen dem, was dieser Gesellschaft angst machte, und dem, was wir heute fürchten, uns den Gefahren unserer Zeit klarsichtiger begegnen läßt.

Georges Duby

Mittelalterliche Ängste, heutige Ängste – ein berechtigter Vergleich?

DONUM FERT

RUOD PREHT.

Die Geschichte studieren und aufschreiben, um den göttlichen Willen zu verstehen: das ist der Ehrgeiz der Kirchenmänner. In Annalen werden wichtige Ereignisse jedes Jahres festgehalten. Diese Aufzeichnungen lassen auch die Verunsicherung des Menschen angesichts von Unregelmäßigkeiten in der Natur deutlich werden. Seite aus dem Egbertpsalter, um 980. Cividale del Friuli, Museo Archeologico Nazionale.

D ie Männer und Frauen, die vor tausend Jahren lebten, sind unsere Vorfahren. Sie sprachen ungefähr dieselbe Sprache wie wir, und ihr Weltbild war von dem unsrigen gar nicht so weit entfernt. Zwischen beiden Epochen gibt es also Übereinstimmungen. Es gibt aber auch Unterschiede, und vor allem die sind aufschlußreich. Die Ähnlichkeiten frappieren uns nicht so sehr – Fragen geben allein die Unterschiede auf. Warum und worin haben wir uns verändert? Und inwiefern kann uns die Vergangenheit helfen, Vertrauen in die Zukunft zu fassen?

✠ *Halten Sie es für legitim, eine Parallele zwischen dem Mittelalter und der Wende zum dritten Jahrtausend herzustellen, die Ängste von gestern mit denen von heute zu vergleichen?*

13

Unsere Gesellschaft ist verunsichert. Ein Beweis dafür ist die Tatsache, daß sie sich so entschieden dem Gedenken der Vergangenheit widmet. Nie zuvor haben die Franzosen so viele Gedenkzeremonien veranstaltet wie derzeit. Jede Woche wird da oder dort irgendein Jahrestag gefeiert. Wenn man sich derart auf die Erinnerung an Ereignisse und große Persönlichkeiten unserer Geschichte versteift, dann auch, um wieder Vertrauen zu fassen. Wir sind verunsichert, in uns hat sich eine Angst breitgemacht.

✠ *Haben Sie den Eindruck, daß in unserer Gesellschaft ein Gefühl der Angst verbreitet ist, das mit einem Gefühl von vor tausend Jahren vergleichbar wäre?*

✠ *Reicht unser Wissen über das Mittelalter tatsächlich aus, um die Ängste unserer Vorfahren zu verstehen?*

14

Dieser Abschnitt unserer Geschichte liegt recht weit zurück, und natürlich haben wir nur spärliche Informationen. Wir sollten das Mittelalter daher als Ganzes betrachten. Zwischen dem Jahre tausend und dem 13. Jahrhundert ist die Gesellschaft von einem ungeheuren materiellen Fortschritt mitgerissen worden, vergleichbar mit dem, der im 18. Jahrhundert eingeläutet wurde und bis heute andauert. Die landwirtschaftliche Produktion steigerte sich um ein Fünf- oder Sechsfaches, und die Bevölkerung im Bereich des heutigen Frankreichs hat sich in zwei Jahrhunderten verdreifacht. Diese Welt war also in sehr raschem Wandel begriffen. Der Austausch von Menschen und Waren beschleunigte sich. Dann setzte Mitte des 14. Jahrhunderts eine Phase der Quasistagnation ein, die bis Mitte des 18. Jahrhunderts anhielt. So kommt es beispielsweise im Verkehrswesen zwischen dem Reich Philipps II. August und dem Ludwigs XVI. zu keinem besonderen Fortschritt. Die Fahrt von Marseille nach Paris dauert während fünf Jahrhunderten etwa gleich lang.

Was die Entwicklung der Mentalitäten angeht, haben wir auch einen ganz guten Überblick. In dieser Periode starken Wachstums dachten die Söhne natürlich nicht mehr wie ihre Väter, wie das ja auch heute der Fall ist. Obwohl der Respekt gegenüber den Älteren in dieser stark hierarchischen Gesellschaft als ganz wesentlich empfunden und gepflegt wurde. Sehen Sie, da ist beispielsweise ein Unterschied zu heute.

Wir können jedoch nicht alle Fragen zum Mittelalter beantworten, die sich uns aufdrängen. Wenn wir die Ängste des Menschen im Mittelalter mit denen von uns heute vergleichen wollen, müssen wir das Terrain etwas erweitern, um ausreichend Hinweise und Fakten zusammenzutragen.

Wir müssen auch versuchen, unsere eigene Denkweise etwas zu vernachlässigen und uns in die Haut dieser Menschen von vor achthundert, tausend Jahren zu versetzen, um in eine Zivilisation einzudringen, die sich von unserer so völlig unterscheidet. Niemand zweifelte damals an der Existenz einer Welt jenseits der sichtbaren Dinge. Es stand fest, daß die Toten in dieser anderen Welt weiterlebten. Jedermann war davon überzeugt, daß Gott Fleisch geworden sei, außer natürlich die jüdische Bevölkerung. Alle Kulturen – ich benutze hier den Plural, weil neben der klerikalen Kultur auch eine soldatische und eine bäuerliche existierten – wurden angesichts der Welt von denselben Ängsten heimgesucht. Alle teilten ein Gefühl der Ohnmacht gegenüber den Naturmächten. Gottes Zorn lastet auf der Welt und kann in dieser oder jener Plage zum Ausdruck kommen. Sich der Gnade des Himmels zu vergewissern ist überaus wichtig; das erklärt auch die ungeheure Macht der Kirche, der irdischen Diener Gottes. Der Staat in unserem Sinne existierte ja noch nicht. Das Recht, zu befehlen, zu beschützen, Gerechtigkeit walten zu lassen und das Volk auszubeuten, verteilte sich auf unzählige lokale Einheiten. Die

Oberhäupter, die Männer mit dem Schwert in der Hand, dem Schwert der Gerechtigkeit, hielten sich für Vertreter Gottes. Sie betrachteten es als ihre Aufgabe, die gottgewollte Ordnung auf Erden aufrechtzuerhalten.

✠ *Gab es im Mittelalter so etwas wie ein Geschichtsbewußtsein? Versuchte man, Lehren aus der Vergangenheit zu ziehen?*

16

Selbstverständlich. Die europäische Zivilisation unterscheidet sich von den anderen ganz klar durch ihren historisierenden Blick. Sie versteht sich als etwas, was in Bewegung begriffen ist. Der Mensch des Okzidents hat das Gefühl, daß er auf die Zukunft zugeht, was dazu führt, daß er auch in die Vergangenheit zurückschaut. Das Christentum, das die mittelalterliche Gesellschaft so wesentlich bestimmt hat, ist eine Religion der Geschichte. Es behauptet, daß die Welt zu einem bestimmten Zeitpunkt geschaffen wurde und daß Gott zu einem bestimmten Zeitpunkt Mensch geworden ist, um die Menschheit zu erlösen. Seitdem nimmt die Geschichte ihren Lauf, und Gott lenkt sie. Um den Willen Gottes zu erkennen, muß man den Verlauf der Ereignisse studieren. Das jedenfalls glaubten die Vertreter der Kultur, die Intellektuellen von damals, die Geistlichen. Alles Wissen lag in ihren Händen. Ein ungeheures Monopol.

In zahlreichen religiösen Einrichtungen, in Klöstern wie Kathedralen, hat man daher Geschichtsschreibung unterschiedlichster Art betrieben. Meist notierte man einfach nur die wichtigen Ereignisse im Laufe eines Jahres: In jenem Jahr gab es einen außerordentlichen

Sturm, die Ernte verzögerte sich, der Papst Soundso ist gestorben, eine Seuche hat sich ausgebreitet, das Dach des Schlafsaals stürzte ein... Auf diese Weise entstanden die sogenannten Annalen. Manchmal aber ging man darüber hinaus. Ein Mönch oder ein Domherr machte sich daran, wirklich eine Geschichte zu komponieren. Die Ereignisse der Vergangenheit wurden wiederaufgegriffen und in eine Ordnung gebracht. Solchen Schriften verdanken wir unser Wissen über diese Zeit zu einem großen Teil. Natürlich auch der Archäologie, den Überresten der menschlichen Existenz, die man in der Erde entdeckt hat; aber das Mittelalter ist uns vor allem deshalb nicht fremd, weil ein paar Gelehrte sich bemüht haben, die Geschichte aufzuschreiben. Über das 11. und das 13. Jahrhundert in Europa wissen wir viel mehr als über die Geschichte Indiens oder Afrikas zum Beispiel. Denn dort hatte man nicht diesen Anspruch, möglichst exakt mitzuschreiben, was sich an Nennenswertem im Laufe der Zeit ereignete.

17

✠ *Was genau suchten die Kleriker in der Vergangenheit? Wollten sie die Geschichte der Menschen oder Gottes Spuren erfassen?*

Nur die Diener Gottes konnten schreiben und lesen. Sie betrachteten es als ihre Pflicht, die Geschichte so zu erklären, daß man darin die Zeichen Gottes sah. Sie waren überzeugt, daß zwischen der realen und der übernatürlichen Welt keine dichten Scheidewände existierten, daß vielmehr ein beständiger Austausch zwischen beiden herrsche, daß Gott sich in seiner Schöpfung zu erkennen gebe, in der Natur, aber auch im Schicksal der Menschheit. Mit der Analyse der Fakten der Vergangenheit deckte man also eine Art göttlicher Mahnungen auf.

✠ *Was für Zeichen haben sie als Warnung verstanden, und wie wurden sie interpretiert?*

Alles, was als Fehlregulierung der Natur erschien, wurde als Vorzeichen der Leiden gelesen, die dem Weltende vorausgehen sollten. Beispielsweise glaubte man, daß der Lauf der Sterne nach Gottes Willen regelmäßig sei. Das Auftreten eines Kometen, das heißt einer Unregelmäßigkeit, war beunruhigend. Ein Chronist erzählt, in einem Jahr seien Sterne am Firmament aufeinandergeprallt. Ein Stern war enorm und sprühte Funken, ein zweiter, kleinerer, kreiste um ihn herum. Ein anderer Chronist erwähnt einen Wal, »groß wie eine Insel«, im Ärmelkanal. Entdeckte man plötzlich Tiere von ungewöhnlicher Größe, Monstren, dann interpretierte man das als Zeichen dafür, daß irgend etwas schieflief in der Welt und ihre Ordnung gestört war. Durch all diese Vorkommnisse schickte Gott Botschaften. Er mahnte, sich bereitzuhalten. Und es war Aufgabe der Gelehrten, diese Zeichen zu deuten.

18

Für die Mönche der Jahrtausendwende läßt sich das Alter der Welt anhand der Heiligen Schrift berechnen. Die Offenbarung verkündet, wann und wie die Welt ein Ende hat. Miniatur aus einer Handschrift des Apokalypsenkommentars des spanischen Mönchs Beatus von Liébana. Burgo de Osma, Kathedralmuseum, Ms. F 117/2E, fol. 117 v.

✠ *Gab das Herannahen der Jahrtausendwende Anlaß zur Beunruhigung?*

Die Schrecken des Jahres 1000 sind eine romantische Legende. Nach der Vorstellung der Historiker des 19. Jahrhunderts löste das Herannahen der Jahrtausendwende eine Art kollektive Panik aus – die Menschen seien vor Angst gestorben, hätten sämtlichen Besitz verkauft. Alles falsch. Tatsächlich haben wir nur ein einziges Zeugnis. Ein Mönch der Abtei von Saint-Benoît-sur-Loire notiert: »Man hat mir berichtet, daß die Priester von Paris das Ende der Welt im Jahr 994 angekündigt haben.« Der Mönch schreibt diese Zeilen vier, fünf Jahre danach, ganz kurz vor der Jahrtausendwende. »Sie sind Narren«, fügt er hinzu. »Man muß nur die Heilige Schrift aufschlagen, die Bibel, um zu sehen, was Jesus gesagt hat, daß wir nämlich weder den Tag noch die Stunde wissen. Die Zukunft voraussagen, das schreckliche Ereignis, auf das alle warten, für einen bestimmten Tag vorauszusagen, geht gegen den Glauben.«

Ich bin sicher, daß man am Ende des ersten Jahrtausends das Weltende beständig erwartete, denn das Evangelium verkündet, daß Christus wiederkehren wird, daß die Toten auferstehen und die Guten von den Bösen geschieden werden. Jedermann glaubte daran und erwartete diesen Tag des Zorns, der selbstverständlich Chaos und Zerstörung der diesseitigen Welt bedeuten würde. In der Geheimen Offenbarung las man, daß Satan nach tausend Jahren von seinen Ketten befreit werde und daß dann der Antichrist komme. An den hintersten Ecken der Erde, an unbe-

kannten Orten, am Horizont im Osten oder
Norden würden sich furchterregende Völker
erheben. Die Offenbarung machte angst,
weckte aber zugleich auch Hoffnung. Denn
nach den Wirrnissen würde eine friedliche
Zeit eintreten, die dem Jüngsten Gericht vorausgeht, eine Ära, weniger schwierig als die
Gegenwart. Dieser Glaube war der Nährboden
des sogenannten Chiliasmus. Am Tag der
Wahrheit würde eine lange Phase beginnen, in
der die Menschen endlich glücklich, in Frieden und als Gleiche leben würden. Der mittelalterliche Mensch, um es zu wiederholen, war
angesichts der Naturkräfte extrem hilflos, und
er lebte in einer materiellen Armut, wie wir
sie heute in den ärmsten Ländern Schwarzafrikas sehen. Für die meisten war das Leben hart
und leidvoll. Sie hofften daher, die Menschheit
werde nach dieser Zeit schrecklicher Wirren
entweder auf das Paradies zusteuern oder auf
eine vom Bösen befreite Erde, die nach der
Ankunft des Antichrists entstehen sollte.

21

Die Angst vor *der Not*

24

Im Jahre 1000 ist fast jeder mittellos, und deshalb ist die Armut erträglich. Ab dem 12. Jahrhundert aber trifft sie einen großen Teil der Bevölkerung stärker. Die sonst so harte Gesellschaft des Mittelalters erweist sich aber als sehr brüderlich. Fresco von Domenico di Bartolo, 1443. Siena, Hospital Santa Maria della Scala, Saal der Pilger.

Das ist der Mensch im Jahr eintausend: Die Angst sitzt ihm in den Knochen, Angst davor, Mangel zu erleiden, Angst vor dem Hunger und vor dem nächsten Tag. Er ist schlecht ernährt und versucht mit lächerlichen Werkzeugen, der Erde sein Brot abzutrotzen. Aber in dieser harten, entsagungsreichen Welt sorgen Brüderlichkeit und Solidarität für das Überleben und die Verteilung der wenigen Reichtümer.
Weil die Armut allgegenwärtig ist, verurteilt sie nicht zur Einsamkeit wie heute, da die

Obdachlose in London, ein
paar Schritte von der City
entfernt. Sie sind vom Wohl-
stand ausgeschlossen und
haben keinerlei Erwartungen
mehr. Der Individualismus hat
die Solidarität verdrängt.

Obdachlosen auf Gehwegen und Metrobahn-
steigen dahinvegetieren. Richtiges Elend zeigt
erst später sein Gesicht, im 12. Jahrhundert,
als entwurzelte Menschen vom Lande sich in
den Vorstädten drängen. Angezogen hat sie
das Wachstum, das das Mittelalter verändert
hat und von dem auch sie profitieren wollen.
Aber sie stehen vor verschlossenen Toren.
Durch die Armut wächst ein neues Christen-
tum heran, das des Franz von Assisi, eines
Vorläufers der Arbeiterpriester und der
Emmaus-Bewegung.

✠ *Die Angst vor materieller Armut ist heutzutage sehr verbreitet. Wie war das im Mittelalter?*

Die Ausrüstung der Bauern des Jahres 1000 ist geradezu lächerlich. Man bearbeitet den Boden mit räderlosen Pflügen aus in Feuer gehärtetem Holz. Im 11. Jahrhundert werden dann zunehmend Eisen und Karrenpflüge wie dieser hier benutzt, was den Ertrag deutlich steigert. Buchmalerei. Paris, Bibliothèque nationale, Ms. NAF 24541, fol. 172.

Die Mehrheit der Menschen lebte nach unseren Begriffen in extremer Armut. Die archäologischen Funde zeigen das ganz deutlich. An den Ufern eines Sees in der Dauphiné hat man unlängst die Fundamente einer Reihe von Häusern entdeckt, die dank einem Ansteigen des Wasserspiegels erhalten geblieben sind. Man hat sehr viele Gegenstände gefunden. Um die Jahrtausendwende lebten dort Krieger und Bauern. Wir können uns mit eigenen Augen davon überzeugen, wie lächerlich sie ausgestattet waren. So gab es beispielsweise kaum Eisenwerkzeuge. Fast alles war aus Holz. Die Bauern bearbeiteten die Erde mit räderlosen Pflügen, die wie in Afrika in einer im Feuer gehärteten hölzernen Pflugschar ausgestattet waren. Man war froh, für ein Saatkorn zweieinhalb zu ernten. Die Erde gab so gut wie nichts her. Es war außerordentlich schwierig, dem Boden das tägliche Brot abzutrotzen. Man muß sich diese Männer und Frauen einmal vorstellen: die meisten in Tierhäute gehüllt und kaum besser ernährt als die Menschen während des Neolithikums – ich meine das einfache Volk, denn diese Gesellschaft war strikt hierarchisch. Die Arbeitenden wurden unter dem Gewicht einer kleinen Gruppe von Ausbeutern erdrückt, von Kriegern und Klerikern, die sich so ziemlich alles aneigneten. Das Volk lebte in dauernder Angst vor dem nächsten Tag. Man kann aber trotzdem nicht von wirklichem Elend reden, denn solidarische und brüderliche Beziehungen sorgten doch dafür, daß die wenigen Reich-

tümer verteilt wurden. Die fürchterliche Einsamkeit der Mittellosen, die man heute in der
Metro sehen kann, gab es nicht.

✠ *Macht diese Solidarität Ihrer Ansicht nach einen der wichtigen Unterschiede aus?*

Einen grundlegenden. Wie die afrikanischen waren auch die mittelalterlichen Gesellschaften Solidargesellschaften. Der Mensch war in Familien- und Dorfzusammenhänge eingegliedert, ins Lehnssystem, das zwar ein System der Zwangsausübung war, aber auch eins der sozialen Sicherheit. Bei einer Hungersnot öffnete der Lehnsherr seine Speicher und ernährte die Armen. Das war seine Pflicht, und davon war er überzeugt. Diese Mechanismen der gegenseitigen Hilfe haben das schreckliche Elend verhindert, das wir heute sehen. Die Angst vor plötzlichem Mangel war allen vertraut, aber es gab nicht diese Ausgrenzung eines Teils der Gesellschaft, den man dann der Verzweiflung überläßt. Man war sehr arm, aber man war es gemeinsam. Die Solidaritätsmechanismen, die allen traditionellen Gesellschaften gemein sind, spielten eine große Rolle, ähnlich wie heute in Schwarzafrika. Die Reichen hatten die Pflicht zu geben, und das Christentum stimulierte sie dabei.

✠ *Gab es keine Einsamkeit in der mittelalterlichen Gesellschaft?*

Es war eine Herdengesellschaft, der Mensch selbst ein Herdentier. Wenn man sich einmal der Privatsphäre unserer Vorfahren zuwendet, stellt man fest, daß sie die ganze Zeit von anderen umgeben waren: Mehrere schliefen in einem Bett, es gab keine richtigen Wände innerhalb eines Hauses, nur Vorhänge. Sie gingen nie allein hinaus, und wer es doch tat, den hielt man für verrückt oder kriminell. So zu leben ist zwar bedrückend, bietet aber auch ein Gefühl der Sicherheit. Die Eremiten, die sich tief in die Wälder zurückzogen, um ihre Sünden zu büßen, betrachtete man als Heilige. Denn sich zu isolieren war ein Beweis ganz außerordentlichen Mutes.

✠ Wie sahen denn nun die Hungersnöte nach der Jahrtausendwende aus?

Wir haben die Schilderung einer Hungersnot von 1033 in Burgund; unter Historikern ist sie sehr bekannt, denn ein Chronist, ein Mönch des Klosters von Cluny, hat die Ereignisse beschrieben und erklärt. Zu Beginn, so berichtet er, spielte das Wetter verrückt. Es hat so sehr geregnet, daß man die Felder nicht bestellen konnte. Die Ernte war dementsprechend schlecht. Man hatte ein bißchen Saatgut aufgehoben, aber im Jahr darauf wieder dasselbe: Regen, Regen, Regen ... Und im dritten Jahr bleibt nichts mehr übrig. Es war furchtbar, erzählt er, man aß alles Erdenkliche. Erst Kräuter und Disteln, dann auch Vögel, Insekten und Schlangen, dann Erde, und schließlich, so berichtet er, fraßen die Menschen sich gegenseitig auf. Man grub die Toten aus, um sie aufzuessen. Ich glaube, er übertreibt. Obwohl, wer weiß. Auf jeden Fall spielt wieder die Solidarität eine Rolle. Man veräußerte die Kirchenschätze und kaufte bei Wucherern Getreide für teures Geld. Vor allem bemühte man sich, die Ärmsten zu ernähren. Aber es reichte einfach nicht. Der Chronist schreibt zum Schluß, die einzige Lösung sei, Buße zu tun, was viel über das Weltbild der Epoche sagt. Der Himmel hatte seine Plagen ausge-

29

sandt, man mußte Gottes Zorn beschwichtigen, sich vor ihm niederwerfen und seine Sünden beweinen. Die beständige Angst vor der Hungersnot verursacht eine Art Sakralisierung des Brotes, jener Gabe Gottes an die Menschen. »Unser täglich Brot gib uns heute ...« Das hielt lange an. Ich entsinne mich, daß meine Großmutter immer ein Kreuz in das Brot ritzte, bevor sie es anschnitt. Man sammelte jeden Krümel auf. Es wäre undenkbar, ja skandalös gewesen, altbackenes Brot in den Mülleimer zu werfen oder damit die Vögel zu füttern. Im Mittelalter und noch vor hundert Jahren auf dem Lande wäre so etwas als Frevel im wahrsten Sinne des Wortes betrachtet worden. Im Krieg haben wir selbst noch die Angst kennengelernt, nichts mehr zu essen zu haben.

30

✣ *Diese Befürchtung taucht heute wieder auf, denken wir nur an die Solidaritätsappelle im Winter für die, die nichts zu essen und kein Dach über dem Kopf haben ...*

Natürlich, die Volksküchen, die Restos du cœur zum Beispiel. Die sind in der Tat ein Ausdruck der Erkenntnis, daß es Menschen gibt, die Hungers sterben, und daß es uns morgen vielleicht genauso geht. In Frankreich herrscht Verunsicherung, Angst vor der Arbeitslosigkeit, und man fragt sich: »Werde ich selbst oder werden meine Kinder eines Tages obdachlos sein und aus der Volkssuppe ernährt werden?« Die Angst vor dem Mangel saß den Menschen des 11. Jahrhunderts im Bauch, und ich glaube, sie ist nie ganz verflogen. Aber ich bin andererseits sicher, daß man früher mehr auf die Solidarität bauen konnte als heute. Unendlich viel mehr. Egoisten hat es natürlich immer gegeben, Menschen, die alles für sich behalten. Aber das Vertrauen in die natürliche Geste der Solidarität und des Teilens war in den Köpfen der Menschen damals doch tief verankert. Davon bin ich überzeugt.

✠ *Hat die Not im Mittelalter zu Revolten geführt?*

Meiner Kenntnis nach gab es auf dem Lande keine Hungerrevolten. Wir müssen uns in Erinnerung rufen, daß Frankreich im Jahre 1000, dann im Jahre 1200, zur Zeit von Philipp II. August und Ludwig dem Heiligen, ein außergewöhnliches materielles Wachstum erlebte. Im 11. Jahrhundert haben sich Schmiede in den Dörfern niedergelassen, es gibt eiserne Pflugscharen. Die Ernteerträge wuchsen dadurch beträchtlich. Das einfache Landvolk aß immer besser, manchmal sogar Weißbrot. Und dann gewöhnten sich die Männer und Frauen an, Kleidung aus Stoff zu tragen. Der Fortschritt kommt vor allem in der Urbanisierung zum Ausdruck, durch das Aufleben der Städte, die während der rein agrarischen Zivilisationsphase des Hochmittelalters quasi tot waren. Und in den Vororten der expandierenden Städte des 12. Jahrhunderts taucht dann ganz plötzlich die Not auf. Als etwas Unerträgliches. Sie war eine Folge der starken Landflucht. In den Vorstädten, in denen die entwurzelten Zuwanderer sich niederließen, existierten die herkömmlichen Solidaritätsstrukturen nicht mehr. Die Menschen hatten

31

32

ihre Familien verlassen, um ihr Glück in den
Städten zu versuchen, und sie hatten keine
Verwandten mehr um sich herum, keine Gemeinde. Sie waren allein und bemitleidens-
wert. Der Anblick ihrer Not hat dann aber
wiederum für das rasche Entstehen karitativer
Institutionen gesorgt. Um die Menschen un-
terzubringen, schuf man Hospize wie das

Hôtel-Dieu in Paris. Es entstanden Bruder-
schaften, Vereinigungen zu gegenseitiger Hilfe, die in den neuen Stadtbezirken das alte soziale Netz ersetzten.

✠ *Hat dieses Elend eine Er-*
neuerung des Christen-
tums bewirkt?

Genau in dieser Zeit, Ende des 12. Jahrhunderts, taucht Franz von Assisi auf, der eine radikale Veränderung des Christentums verkör-
pert. Franz von Assisi wollte als Armer unter
Armen leben. Diese neuen Frommen wollten
nicht mehr die Spitze der Hierarchie bilden
wie die Priester und Mönche in der einfachen,
ruhigen Ackerbaugesellschaft des 11. Jahrhunderts. Angesichts der neuen Probleme durch
diese Zuspitzung der Not kam es zu einer
wahrhaften Neugründung des Christentums.
Ein italienischer Historiker sagte einmal, die
Geschichte des Christentums sei von zwei Ge-
stalten geprägt: Jesus und Franz von Assisi.
Franz von Assisi ist eine Art Symbol, ein
großer Zeuge. Das Christentum verändert sich
nach 1200 tatsächlich von Grund auf. Vorher
war es für die meisten Leute eine Sache der
Riten und Zeremonien, ausgeführt von Männern, die es sich oben bequem gemacht hatten und davon überzeugt waren, die ganze
Gesellschaft zu beherrschen, während die an-
deren, die Gläubigen, ihnen von ferne zu-
schauten, wie sie gemeinsam beteten und
Hymnen sangen. Dann kam die Wende. Die
Gottesmänner riefen dazu auf, nach dem
Evangelium zu leben. Die Initiativen von Abbé
Pierre, die Emmaus-Bewegung, und den Arbei-

33

Die überschüssige Landbevölke-
rung läßt sich in den wachsenden
Städten nieder. Mit Ausnahme der
Kultstätten bestehen die Gebäude
zunächst hauptsächlich aus Holz.
Nach und nach aber nimmt der
Maurer den Platz des Zimmer-
manns ein. Der Wirtschaftlichkeit
und Einfachheit halber werden die
Ziegelsteine direkt auf der Bau-
stelle angefertigt.
Miniatur aus der Utrechter Bibel.
London, British Library,
Ms. Add. 38122, fol.78 v.

Vorhergehende Seiten: Im 12.
Jahrhundert erlebten die Städte
den Zustrom von Zuwanderern,
die keinerlei Bindungen hatten.
Christliche Institutionen für Arme
und Kranke traten nun an die
Stelle der früheren Solidaritätsstrukturen. Das Bild zeigt die
Pflege von Verletzten und Kranken
im Hospital Santa Maria della
Scala in Siena.
Fresko von Domenico di Bartolo,
1443. Siena, Hospital Santa Maria
della Scala, Saal der Pilger.

Die Menschen werden regelmäßig
von allen möglichen Plagen
heimgesucht. Alle außerge-
wöhnlichen Nöte interpretieren sie
in ihrer religiösen Sichtweise als
gottgesandte Prüfung. Es ist
Aufgabe christlicher Barmherzigkeit, Abhilfe zu schaffen. Die
Abbildung zeigt einen Stiftsherrn
bei der Verteilung von Brot an
Hungernde.
Fresko von Domenico di Bartolo,
1443. Siena, Hospital Santa Maria
della Scala, Saal der Pilger.

terpfarrern, die ein bißchen in Vergessenheit geraten sind, stehen in der direkten Nachfolge des heiligen Franz. Diese Männer waren davon überzeugt, daß sie wie Christus mit den Benachteiligten leben und die Reichen bekehren müßten, damit die ihrem Beispiel folgen und das bequeme Nest ihres guten Gewissens verlassen. Die Bettelmönche, die Dominikaner und Franziskaner, agierten genauso, angetrieben von dem Willen, dem Beispiel Christi zu folgen und als Arme unter Armen zu leben. Sie lebten nicht wie die Domherren von ihren Pfründen, sondern erbettelten sich ihr Brot. Oder sie verdienten es sich durch ihre Arbeit. Sie besaßen nichts und wollten nichts besitzen. Anfangs waren die Franziskaner und Dominikaner selbst Obdachlose. Als man sie zwang, in Klöstern zu leben, errichteten sie die mitten in den Vorstädten, ganz nah an der Misere dran. So hat die Konfrontation mit der Not, dem richtigen Elend, neue religiöse Lebensweisen nach sich gezogen.

Mir scheint, die Solidarität zählt heute auch wieder mehr, angesichts der wachsenden Not, die der Staat nicht mehr in den Griff bekommt. Trotz des Rückgangs der Religiosität bleibt doch das Gefühl, dem Nächsten helfen zu müssen. Und gerade bei den Armen scheint es am stärksten zu sein. Denken Sie nur an Algerien. Was erklärt den Erfolg der Islamischen Heilsfront? Die islamistischen Aktivisten wenden eines der Gebote des Korans an und haben effektive solidarische Strukturen aufgebaut, die soziale Hilfe leisten

– eine Aufgabe, die der laizistische Staat nicht mehr erfüllt.

✠ Stellten die Bettelmönche eine Bedrohung für den etablierten Klerus dar?

Wir haben es mit dem Anfang der Reformation zu tun. Als die ersten Franziskaner nach Paris kamen, ungefähr im Jahre 1230, fragte man sich, wer sie seien und was sie machten. Man hielt sie für Ketzer. Außerdem stellte ihre Lebensweise, arm wie die Jünger Jesu und von ihrer Hände Arbeit zu leben, die etablierte Ordnung der Kirche in Frage. Die verteidigte sich, versuchte sie zu integrieren und den protestatorischen Aspekt Franz von Assisis zu verwischen. Aber die Saat war ausgebracht und fruchtete bereits.

✠ *Wie sahen die Vorstädte aus, in denen die Bettelmönche die Not zu lindern versuchten? Woher kamen die Bewohner? Wie lebten sie?*

Die Vorstädte waren zuerst nur Ansammlungen wackliger Hütten, sozusagen Slums, von denen acht Jahrhunderte später nichts übrig geblieben ist. Die Archäologen finden schlicht nichts. Der Historiker muß also seine Phantasie spielen lassen, und er darf das auch. Er stellt sich das Leben dieser Menschen wie das der Bewohner der Favelas von Rio vor. Woher sie kamen? Aus der ländlichen Umgebung, von wo sie durch das Bevölkerungswachstum vertrieben wurden, den Motor des phantastischen Fortschritts, den ich schon erwähnt habe. Man kann die Bevölkerungsentwicklung mit bestimmten Ländern der Dritten Welt heute vergleichen, die hohe Geburtenziffern, aber auch eine hohe Kindersterblichkeit haben. Ein Viertel der Kinder starb vor dem fünften Lebensjahr, ein weiteres Viertel vor der Pubertät. Aber die Geburtenziffer war so hoch, daß die Bevölkerung trotzdem wuchs; und wer die Gefahren der Kindheit und Jugend hinter sich hatte, war dann auch widerstandsfähig. Seit einiger Zeit haben die Historiker ihre Meinung, daß die Menschen des Mittelalters früh starben, etwas revidiert. Bei Grabungen auf Friedhöfen hat man nämlich auch viele Skelette von Greisen gefunden.

✠ *War das Bevölkerungswachstum Zeichen eines Vertrauens in die Zukunft, war es Ausdruck eines kollektiven Optimismus?*

Alle Einschätzungen der Bevölkerungszahlen sind mehr oder weniger Mutmaßungen. Mit ziemlicher Bestimmtheit kann ich nur sagen, daß sich die Bevölkerung Frankreichs zwischen den Jahren 1000 und 1300 verdreifacht

hat. Im Jahre 1300 lebten auf dem Gebiet des heutigen Frankreichs sicher 20 Millionen Menschen. Es war das bevölkerungsreichste Land Europas. England beispielsweise hatte lediglich drei Millionen Einwohner. Wenn die Vermutungen stimmen, dann gab es im Jahre 1000 sieben oder acht Millionen Einwohner, nicht mehr.

Ich denke, diese Bevölkerungszunahme läßt sich tatsächlich als Zeichen eines Optimismus lesen. Während der Karolingerzeit begann die Bevölkerung Europas langsam zu wachsen, und man fragt sich, warum. Es ist außerordentlich schwierig, die schwankenden Geburtenziffern zu interpretieren. Selbst heute noch – wir wissen eigentlich nicht genau, warum es in den fünfziger Jahren in Frankreich

Der Strom ländlicher Zuwanderer läßt die mauerbewehrten Städte im 12. Jahrhundert regelrecht überborden. Außerhalb der Stadtmauer breiten sich Vororte aus, wie diese Ansicht von Moulins in der Auvergne aus der zweiten Hälfte des 15. Jahrhunderts zeigt. Guillaume Revel, *Wappenbuch der Auvergne*. Paris, Bibliothèque nationale, Ms. français 22297.

40

etwa einen Babyboom gab. Meiner Ansicht nach hat die Entwicklung der Familienstrukturen eine Rolle gespielt. Um die Jahrtausendwende zwang die Kirche erst die ländliche Bevölkerung, dann die Aristokratie zur Mono- und Exogamie. Das heißt, man durfte nur noch eine Ehefrau haben und nicht mehr die Cousine heiraten. Auf diese Weise bildete sich ein fester Rahmen heraus, der eheliche Haushalt, in dem die Kinder besser großgezogen und geschützt werden konnten.

Dieser Rahmen hat fast ein Jahrtausend gehalten, und nun löst er sich vor unseren Augen auf. Europa und Frankreich haben seit Ende des 19., vor allem aber während des 20. Jahrhunderts eine fundamentale Veränderung erlebt. Die Verwandtschaftsbeziehungen, die alten Ehestrukturen, Heirat und Ehe nach altem Brauch, wie bei meinen Eltern, auch noch bei mir – all das wurde in Frage gestellt. Zugleich und zum erstenmal seit Bestehen der Menschheit wurde die Frau in der abendländischen Zivilisation nicht mehr als minderwertiges und dem Mann notwendigerweise untergeordnetes Wesen betrachtet. Das ist etwas völlig Neues. Die Gesellschaft des Mittelalters war rein männlich. Ich sprach eben davon, daß man fast nie allein auf die Straße ging. Erst recht nicht als Frau – eine Frau allein außerhalb ihrer eigenen vier Wände war eine Hure oder eine Verrückte.

Um das Jahr 1000 setzt die Kirche ihr Konzept der Monogamie durch. Dieser Typ der Familie als soziale Einheit bietet einen stabilen Rahmen für die Kindererziehung. Fresko von Domenico di Bartolo, 1443. Siena, Hospital Santa Maria della Scala, Saal der Ammen.

✠ *War die Stadt für die Ent-*
wurzelten der einzige Zu-
fluchtsort?

Es gab einfach zu viele Fünfzehn-, Zwanzig-jährige, als daß die Familien sie hätten er-nähren können. Sie mußten sich ins Abenteu-er stürzen. Für die Bauern gab es zwei mögli-che Formen des Abenteuers. Die erste be-stand darin, wegzuziehen und Boden urbar zu machen. Die landwirtschaftliche Anbaufläche wuchs beträchtlich. Zur Jahrtausendwende war die Umgebung von Paris noch mit Wald bedeckt. Der große Wald von Yvelines er-streckte sich vom Bois de Boulogne bis nach Rambouillet. Nach und nach wurde er dann durchlöchert und zerstückelt. Die Bauern zogen mit dem, was sie an Werkzeug hatten, los; der Vater stellte einen alten Spaten und einen dieser räderlosen Pflüge mit hölzerner Pflugschar zur Verfügung. Zuerst fällten sie die Bäume, gruben die Wurzeln aus und ver-brannten sie, dann kultivierten sie die Felder und bauten sich ihr eigenes Haus. Auf diese Weise ist Europa besiedelt worden. Es hat auch sehr weite Wanderungen gegeben. Bei-spielsweise zogen Flamen nach Polen. Alles wurde von Unternehmern, Lokatoren, organi-siert, die Arbeitskräfte rekrutierten und sie dorthin brachten, nachdem slawische Herr-scher ihnen Ödland abgetreten hatten. Dort gründete man dann ein neues Dorf.

43

Das andere Abenteuer bestand darin, in die Stadt zu ziehen, wo sich im Rahmen der allge-meinen Verbesserung der Lebensverhältnisse das Handwerk entwickelte. Wolle und Holz wurden verarbeitet, man stellte Tuch von im-mer besserer Qualität her und färbte es. Über-

Die Bevölkerung Frankreichs hat sich in der Zeit von der Jahr-tausendwende bis zum Jahr 1300 mit Sicherheit verdreifacht. Der Saal der Ammen im Hospital von Siena füllt sich.
Fresko von Domenico di Bartolo, 1443. Siena, Hospital Santa Maria della Scala, Saal der Ammen.

all entstanden neue Arbeitsplätze, bei den Webern, Färbern und Gerbern, bei den Tischlern, Glasarbeitern und bei den Maurern. Aber es gab nicht für alle Arbeit. Die zuletzt Angekommenen versammelten sich an bestimmten Tagen auf dem Hauptplatz, um sich als Handlanger oder Lastträger zu verdingen. Wenn nicht, dann kam die Not. Und dann das Alter, die Krankheit.

✠ *Könnte man diese Leute, die von zu Hause weggejagt wurden, als die ersten von der Gesellschaft Ausgegrenzten betrachten?*

44

Um das Glas für die Fenster der Kathedralen herzustellen, benötigte man viel Sand und starke Öfen.
Miniatur aus einer Handschrift der *Reisen des Sir John Mandeville*, **Anfang des 15. Jahrhunderts.**
London, British Library,
Ms. 24189, fol. 16.

Ihre Situation läßt sich mit der der sizilianischen Landbevölkerung zu Anfang des 20. Jahrhunderts vergleichen. Der Vater sagte: »Es gibt nichts mehr zu essen, also geht nach Amerika.«

Diese Gesellschaft war viel flexibler, als wir uns das gern vorstellen. In den Adelsfamilien war es beispielsweise ganz normal, daß die Knaben mit sieben Jahren fortgingen, um anderswo eine Ausbildung zu machen. Wer Priester werden sollte, wurde in eine Klosterschule geschickt. Künftige Ritter lernten das Reiten und Kämpfen beim Herrn ihres Vaters oder bei einem Onkel.

Aber Ausgrenzung? Die betrifft vor allem die jüdischen Gemeinschaften, die um die Jahrtausendwende und bis ins 12. Jahrhundert in den Städten eine große Rolle spielten. Anfang des 13. Jahrhunderts zwingt man die Juden, besondere Kennzeichen zu tragen, wie bei den Nazis. In diesem Fall haben wir es tatsächlich mit radikaler Ausgrenzung zu tun. Die betraf auch noch eine andere Kategorie von

Menschen, die Aussätzigen, die wie die Juden in einen Bereich abseits der Gesellschaft, von den anderen isoliert, gedrängt wurden und sich mit ihrer Kleidung und der Lazarusklapper erkenntlich machen mußten.

✠ *Heute spricht man von Ausgrenzung der Armen. Gab es diese Ablehnung schon im Mittelalter?*

Es gab gewiß schon so etwas wie eine Ablehnung der Notleidenden oder der Migranten, das läßt sich nicht leugnen. Richtig hat sie sich aber erst im 14. Jahrhundert gezeigt. Der Hundertjährige Krieg hat die vom Militär heimgesuchte und gequälte Landbevölkerung in Massen in die Städte gedrängt. Die Reichen bekamen Angst, Angst vor den Armen. Sie waren plötzlich so zahlreich, so beunruhigend. Die Toleranzschwelle war überschritten. In diesem Augenblick machte die Ablehnung sich bemerkbar.

46

✠ *Die Ängste von gestern scheinen aber den Fortschritt von morgen in sich zu bergen…*

Sicher. Denken Sie beispielsweise an die Hungersnöte. Sie kommen aufgrund eines Ungleichgewichts zwischen Nahrungsproduktion und Nachfrage zustande. Von den damaligen Chronisten sind sie als unheilbringende Zeichen interpretiert worden. Wir hingegen, wir Historiker, sehen sie heute als Zeichen eines Fortschritts, einer ruckweise, heftig und chaotisch verlaufenden Entwicklung.

———✦———

Ein Oblate wird eingekleidet, um Kranke im Hospital zu pflegen. Zahlreiche Laien schließen sich auf diese Weise den christlichen Ordensgemeinschaften an, spenden ihr Vermögen und versprechen, die Ordensregel zu beachten, ohne aber das Gelübde abzulegen.
Fresko von Domenico di Bartolo, 1443. Siena, Hospital Santa Maria della Scala, Saal der Pilger.

Die Angst vor
dem anderen

Zigeuner sind Nomaden und deshalb anders. Ständig haben sie die Ablehnung der seßhaften Bevölkerung zu spüren bekommen. Informationstafel für Zigeuner. Holzmalerei, um 1715. Nördlingen, Stadtmuseum.

Zur Zeit König Ludwigs des Heiligen (1226 bis 1270) versetzen Horden aus dem Osten die christliche Welt in Angst und Schrecken. Erneut macht sich Fremdenangst in der Bevölkerung breit. Dabei hatte Europa die normannischen Eroberer recht gut verkraftet und sogar eingegliedert. Diese Invasionen hatten die Grenzen zwischen heidnischer und christlicher Welt verwischt und für wirtschaftliches Wachstum gesorgt. Europa, damals noch in den Kinderschuhen, auf

Die Zigeuner sind noch nicht am Ende ihrer langen Wanderung. Sie werden entweder zusammengepfercht oder aus allen Ecken Europas vertrieben.

Expansionskurs und bereit, sich in alle vier Himmelsrichtungen auszudehnen, machte sich gierig über die fremden Kulturen her. Heute dagegen verbarrikadiert sich der alte Kontinent vor der Not der Welt, um den eigenen Reichtum zu sichern. Der mittelalterliche Mensch fürchtete vor allem die Heiden, die Moslems und die Juden – Ungläubige, die es entweder zu bekehren oder zu töten galt –, aber er mißtraute auch seinem Nächsten, dem Nachbarn aus dem anderen Dorf.

✠ *Bei uns ist die Fremden-*
angst heutzutage sehr ver-
breitet, die Angst vor den
Menschen, die sich an
unseren Grenzen drän-
geln. Hat es die um das
Jahr tausend auch schon
gegeben?

52

Ja. Und sie drängte sich um so mehr auf, als Europa kurz zuvor plündernden Invasoren zum Opfer gefallen war: erst den Wikingern aus dem Norden, dann den Ungarn aus der hintersten asiatischen Steppe und schließlich den Sarazenen. Die Erinnerungen an diese Invasionen waren noch präsent, und man fürchtete neue Angriffe. Zur Jahrtausendwende noch setzten skandinavische Seeräuber an der Atlantikküste in Aquitanien an Land und entführten Fürstinnen. Eine wirkliche Gefahr bestand zwar nicht mehr, aber die Erinnerung daran war noch wach – daher die Verunsicherung. Wissen Sie, ich habe noch von meiner Großmutter gehört, die es wiederum von ihrer Großmutter hatte, wie 1815 die Kosaken nach Frankreich kamen. Dennoch hatte Europa im Vergleich mit den anderen Kontinenten das ungeheure Privileg, seit der Jahrtausendwende von Invasionen verschont worden zu sein.

✠ *Wie erlebten die Men-*
schen die Ankunft dieser
fremdländischen Hor-
den?

Es war ein ganz brutaler Schock. Und ganz und gar nicht mit der Völkerwanderung am Ende des Römischen Reiches zu vergleichen, als einige Nomadenvölker sich dieser Art Kooperative des Glücks anschließen wollten, die das Reich für sie darstellte. Im 10. und im 11. Jahrhundert hatte man es mit ganz erbitterten Eroberern zu tun. Andere kamen im 13. Jahrhundert nach: die Mongolen. Das Grauen in Person. Zur Zeit Ludwigs des Heiligen herrschte eine große Verunsicherung. Würde

PARIS IAIAR

Wie die Wikinger und Ungarn
haben auch die Sarazenen, die in
Spanien Fuß gefaßt hatten, das
karolingische Europa überfallen.
Die ersten Expeditionen an die
italienische Küste und auf die
vorgelagerten Inseln fanden 806,
808 und 812 statt. Die Sarazenen
hielten sich bis zum Ende des
12. Jahrhunderts auf Sizilien und
dominierten auch weiterhin den
Mittelmeerraum.
Ein berittener Sarazene beim
Kampf. Fresko, Ende des 13.
Jahrhunderts. Pernes-les-
Fontaines, Tour Ferrande.

die Christenheit den asiatischen Horden
standhalten? Die Invasion, die sich über Ruß-
land ergoß, kam in Polen und Ungarn zum Stehen. Weiter zogen die Mongolen nicht, aber
sie haben die Europäer in den Jahren 1240,
1250 in großen Schrecken versetzt. Man
wußte, daß sie alles, was ihnen in die Quere
kam, zerstörten – wie die Hunnen lange zuvor
und danach die Ungarn, bevor sie zum Christentum übertraten.

Mit ihrem Anführer Wilhelm fahren die Normannen im Jahre 1066 über das Meer, um England zu erobern.
Detail des Teppichs von Bayeux, um 1080. Bayeux, Centre Guillaume le Conquérant.

✠ *Wie muß man sich diese Invasionen vorstellen? Wie viele Menschen waren daran beteiligt, um wieviel Land ging es?*

Nehmen wir beispielsweise die Wikinger. Sie kamen mit ihren Schiffen, fuhren die Loire, die Seine und die Garonne hoch und drangen tief in das Land ein. Immer dreißig, höchstens fünfzig Mann. Sie interessierten sich einzig und allein für die Beute. Sie wußten, daß sie in den Klöstern Reliquiare, Heiligenschreine aus kostbaren Metallen, kurz sehr verlockende Dinge finden würden. Und unterwegs machten sie sich über die Frauen her und raubten das Vieh. Während der kalten Jahreszeit ließen

sich die Eindringlinge längerfristig nieder. An den Flußmündungen errichteten sie ihre Winterlager, die sich rasch in wahre Märkte verwandelten. So lösten Zeiten der Verhandlung und Zeiten der Aggression sich ab. Durch die Invasionen haben sich die Handelsbeziehungen zwischen dem Baltikum und den Nordseeländern ausgeweitet. Die Normannen brachten Tierhäute, wertvolle Felle, sicher auch Sklaven. Und die Leute aus Frankreich verkauften ihnen Wein.

✠ *Die Invasionen waren
also gewissermaßen eine
Voraussetzung für die
Entwicklung des europäi-
schen Handels?*

Sie haben die Grenzen zwischen der heidnischen Welt des Nordens und der Christenheit
verwischt. Sie haben außerdem bestimmte,
sozusagen bereits wurmstichige Strukturen
der fränkischen Zivilisation zerstört, und sie
haben die Gold- und Silberschätze der Kirche
in Umlauf gebracht, was das wirtschaftliche
Wachstum natürlich gefördert hat.

✠ *Demnach handelte es sich
um einen Prozeß in zwei
Phasen, einer Phase der
Aggression und einer der
Integration ...*

Ja. Die Normannen wollten Teil der Zivilisation des Landes sein, in dem sie sich niederließen, ohne freilich aufzuhören, von weite-
ren Plünderungen zu träumen. Bald sind Krieger aus der Normandie aufgebrochen, um
Süditalien und Sizilien zu erobern. Später haben sie dann England erobert. Aus diesen Ländern haben sie Schätze mitgebracht, ohne die
solche Meisterwerke der romanischen Archi-
tektur wie die Kirchen Saint-Étienne in Caen
oder Saint-Georges-de-Boscherville gar nicht
hätten entstehen können. Ihre Abenteuerlust
hat maßgeblich zu einer übergreifenden europäischen Zivilisation beigetragen.

✠ *Was hat außer dem Han-
del zu der allmählichen
Integration der Eroberer
beigetragen?*

Am nächstliegenden war es, einfach Christ zu
werden. So hat sich beispielsweise Anfang des
10. Jahrhunderts der Normannenführer Rollo
taufen lassen. Er verzichtet auf seinen Namen,
um den seines Paten Robert anzunehmen. All
seine Krieger springen mit ihm ins Taufwas-
ser. Um die Jahrtausendwende läßt der Her-
zog der Normandie einen Mann rufen, einen

56

Die einzigen Antworten auf den Unglauben: Bekehrung oder Vernichtung. Zwangstaufe moslemischer Frauen nach der Einnahme Granadas (1492), der letzten Bastion der Araber in Spanien.
Detail des Altarretabels (um 1521) von Felipe Bigarny (Felipe de Borgoña) in der Capilla Real, Granada.

57

Vertreter der karolingischen Kultur schlecht-hin, der das Lateinische beherrscht und die besten Schulen besucht hat. Er beauftragt ihn, eine Geschichte der Normannen zu schreiben. Hier sieht man, wie die Integration vonstatten ging, zumindest bei den Adligen. Sie heirate-ten in fränkische Familien ein, was zusammen mit der Christianisierung ganz wesentlich zum Verschwinden ethnischer und kultureller Unterschiede beigetragen hat. Richtig gehörte man erst zum Volk Gottes, wenn man ein paar Brocken Latein verstand und sich daranmach-te, Kirchen in der Tradition der Karolinger zu errichten.

✠ *Kostete es diese Völker, die von weit her kamen, große Überwindung, Christ zu werden, oder war das eine politische Entscheidung?*

Man darf nicht vergessen, daß das Christentum zur Jahrtausendwende eine Sache der Rituale und Zeremonien war.

Rollos Taufe war ganz klar eine politische Entscheidung, so wie man heute die französische Nationalität beantragt. Es war reine Formsache, und man darf annehmen, daß Rollo sein Leben lang die Götter des skandinavischen Pantheons verehrt hat. Er hat ihnen lediglich eine Gottheit hinzugefügt. Eine, die ihm nützlich sein konnte.

✠ *Demnach waren die Invasionen um die Jahrtausendwende paradoxerweise ein Faktor des Fortschritts ...*

Die letzten Invasionen, die Europa über sich ergehen lassen mußte, haben meiner Ansicht nach den Ausschlag für das erste außergewöhnliche Wachstum gegeben, das sich über drei Jahrhunderte hinzog. Denn die Mauern niederzureißen, und sei es mit Gewalt, ist in der Tat viel produktiver, als sich abzukapseln.

✠ *Gibt es Berichte, die Zeugnis von der Angst vor den Fremden ablegen?*

Wenn sie von den Männern aus dem Norden sprechen, berichten die Chronisten vor allem von dem Entsetzen, das sie in der Bevölkerung auslösten. Aber sie haben das Bild der Normannen ganz sicher etwas geschwärzt. Die haben ja die Klöster verwüstet, in denen Reichtümer zu erbeuten waren – und deswegen beschreiben die Mönche sie als ganz fürchterlich ... Die Normannen, die Ungarn, die Sarazenen erschienen als Plage. Als Sarazenen galten im übrigen alle Moslems. Sie kamen aus dem Süden, aus dem Maghreb, aber

Auf dem Portal der Abtei von Vézelay in Burgund sind Völker aus fernen Ländern dargestellt, vor allem die, deren Invasion die Christenheit fürchtete. Vézelay, Basilika Sainte-Madeleine. Detail des rechten Seitenportals mit der Anbetung der Heiligen Drei Könige, 12. Jahrhundert.

59

vor allem aus Spanien, das ja von den Moslems erobert worden war, und von den Inseln, den Balearen und Sizilien. Um in den Alpen zu plündern, haben sie im 10. Jahrhundert einen festen Posten bei Saint-Tropez eingerichtet. Waren es Berber, Korsen oder Sarden? Für die Christen hatten sie eines gemein: Sie ließen

Wie Rom und Jerusalem hat der Wallfahrtsort Santiago de Compostela während des gesamten Mittelalters riesige Pilgerscharen angezogen. Der Legende nach ist selbst Karl der Große von Aachen nach Compostela aufgebrochen. Miniatur aus dem Codex Calixtinus (fol. 162 v), 12. Jahrhundert. Santiago de Compostela, Kathedralarchiv.

sich nicht bekehren. Die Franzosen von damals wurden plötzlich mit Menschen konfrontiert, die eine völlig andere Lebensweise hatten. Sie ernährten sich anders, sie hausten anders, sie sprachen eine Sprache, die niemand verstand. Diese Fremdheit und die Gefahr erschreckten die Menschen. Später sind es dann die Mongolen und die Türken, die Europa in Schrecken versetzen. Der Fremdling, der von weit her kommt, ist ein Eindringling erster Güte. Er macht mehr angst als ein aggressiver Nachbar. Ich selbst entsinne mich noch, welchen Schrecken die von den Deutschen rekrutierten tatarischen Soldaten während der Besetzung Frankreichs einflößten. Die Horden strömen aus dem Osten herbei, eine wildgewordene Menge – das war die große, beständige Angst.

✠ *Gab es in dieser Zeit deutlich unterschiedliche Physiognomien?*

Die großen Blonden und die kleinen Dunklen? Das kann man nur schwer sagen. Die Kunst war ja nicht realistisch. Eigentliche Porträts entstanden erst im 14. Jahrhundert. Bis dahin orientierte sich der Maler an einem Gesichtsschema, er gab nicht die Züge einer bestimmten Person wieder. Auch in den Texten sind die Beschreibungen des Äußeren von Männern und Frauen stereotyp. Ich wüßte gern, wie Eleonore von Aquitanien ausgesehen hat. Aber ich werde es nie erfahren – es existiert kein getreues Bildnis. Ihr Grabdenkmal in der Abtei Fontevrault ist nicht realistisch. Die Menschen sahen sicher sehr

unterschiedlich aus, aber wie, das können wir nicht sagen.

✠ *Flößte einzig der Fremde Angst ein?*

Auch die Menschen innerhalb des Bereichs des heutigen Frankreichs hegten ein gewisses Mißtrauen gegeneinander. Ein burgundischer Chronist berichtet, wie ein Trupp aus Aquitanien, Okzitanier, durch sein Land zieht. Man muß sich nur einmal anhören, wie er sie beschreibt: »Was sind das für Kerle? Hanswurste

Für die Mönche im Jahre 1000 gehen die ersten Ketzerbewegungen mit den kosmischen Tumulten einher, die das Weltende ankündigten. Das Reich Gottes wird erst kommen, wenn die gesamte Menschheit – Juden, Moslems und Heiden – bekehrt ist. Ketzer und Juden, die sich weigern, das Wort Gottes zu hören. Miniatur aus einer 1023 entstandenen Handschrift des Werkes *De Universo* von Hrabanus Maurus. Montecassino, Archiv der Abtei.

sind das, mit ihren zu kurzen Waffenröcken, Päderasten!« Da sehen Sie, wie auch die Sünden auf den Fremden projiziert werden. Aus dem 12. Jahrhundert besitzen wir eine Art Reiseführer für die Pilger, die nach Santiago de Compostela unterwegs waren. Er rät, diese oder jene Straße zu nehmen, vor allem die heiligen Stätten nicht auszulassen, wo heilende Reliquien aufbewahrt werden. Aber wenn ihr Bordeaux hinter euch gelassen habt, wird da gewarnt, kommt ihr in ein Land, das Baskenland, wo die Leute nicht mehr wie Menschen sprechen, sondern wie Hunde bellen. Kaum hat man die Grenzen seines eigenen kleinen

Landes überschritten, taucht also dieses Gefühl der Fremdheit schon auf. Dennoch gibt es auch den Wildfremden. Wer nicht zur christlichen Gemeinschaft gehört – der Heide, Jude oder Moslem – ist der wirklich Fremde, ein Ungläubiger, der bekehrt oder vernichtet werden muß. Denn Gottes Reich wird erst kommen, wenn die ganze Menschheit bekehrt ist. So formulierte es Ludwig der Heilige, ein Vorbild an Frömmigkeit. Als man ihn fragte: »Können wir nicht mit den Moslems und den Juden ins Gespräch kommen?«, sagte er: »Für diese Leute gibt es nur ein Argument: das Schwert. Und das muß man ihnen in den Leib rammen!«

✠ *Tauchen in dieser Zeit die ersten Ghettos für Juden auf?*

Die Juden lebten unter sich in bestimmten Bezirken. Im 13. Jahrhundert zwang man sie, sich durch ihre Kleidung oder durch ein Zeichen von den anderen abzuheben. Aber die Geschichte des Antisemitismus mit ihren verschiedenen Phasen ist sehr komplex. Lange Zeit lebte man ohne allzu große Aggressivität nebeneinander her. Zu Pogromen und Vertreibungen kam es erst, als der wirtschaftliche Einbruch einsetzte. Die jüdischen Gemeinden, die auf den Geldhandel spezialisiert waren und Geld gegen Zinsen verliehen, galten als Blutsauger des Volkes. So kam es, daß man die Juden auch für das Unglück der großen Pest verantwortlich machte, die im 14. Jahrhundert ausbrach.

Als Feinde wurden sie auch schon zur Zeit des Kreuzzugs Ende des 11. Jahrhunderts angesehen. Auf ihrem Weg durch die Städte des Rheintals metzelten die Kreuzritter die Juden nieder. Die Bischöfe von Köln, Mainz und Trier haben alles darangesetzt, die Massaker zu verhindern, aber sie waren machtlos gegen den Fanatismus, die blutrünstige Begeisterung dieser Männer, die das Grab Christi befreien wollten. »Christus ist tot; die Juden haben ihn getötet«, sagten die Kreuzritter; also müsse man die Juden töten. Während des 12., 13. Jahrhunderts aber standen jüdische und christliche Intellektuelle in Paris, Rouen und Troyes auch in einem echten Dialog. Wir haben Belege vollkommener Solidarität zwischen den Gelehrten der unterschiedlichen Religionen.

65

✠ *Die Menschen im Mittelalter reisten häufig. Hat diese Mobilität nicht für eine größere Toleranz gegenüber den Fremden gesorgt?*

Alfons X., der Weise, König von Kastilien, und Kaiser Friedrich II., König von Sizilien, laden Juden und Moslems zu sich ein.
Ein Jude und ein Araber beim Schachspiel. Miniatur (fol. 63 r) aus dem im Auftrag Alfons' des Weisen geschaffenen Schachbuch, 1283. El Escorial, Bibliothek.

Dieser Mobilität verdanken wir das Entstehen der französischen Nation ... Lange Zeit war Frankreich zweigeteilt, in die Bevölkerung des Nordens und die des Südens. Die Grenze verlief südlich der Loire. In Bordeaux fühlte man sich den Menschen des Nordens noch einigermaßen nah, während sich die Menschen in Clermont oder Toulouse für gänzlich anders hielten. Der Kreuzzug gegen die Albigenser im 13. Jahrhundert hat nicht gerade zur Verbesserung dieser Situation beigetragen. Die Leute des Südens empfanden die Ankunft der Leute aus dem Norden als eine zerstörerische Invasion, und der okzitanische Nationalismus flammte wieder auf. Aber die Reisen, die Kontakte haben natürlich nach und nach dazu bei-

Im 11. Jahrhundert ruft die Kirche Ritter zum Kampf und verspricht ihnen im Gegenzug die Vergebung ihrer Sünden. Das ist der Ursprung der Kreuzzüge zur Verteidigung der unterdrückten Christen. Miniatur aus einer Handschrift der *Secreta fidelium crucis* von Marino Sanudo d. Ä., 14. Jahrhundert. Venedig, Biblioteca Marciana.

getragen, die Feindschaft zwischen den verschiedenen Kulturen abzubauen. In Syrien und Palästina kam es sogar zu einer Art Miteinander zwischen Kreuzrittern und Moslems. Während der Belagerung von Akkon wurden beispielsweise Turniere zwischen Richard Löwenherz und Saladin veranstaltet, wie man heute ein Match zwischen Olympique Marseille und dem AC Mailand organisiert. Nach und nach lernte man sich kennen und respektieren. In seinen Memoiren schreibt ein vornehmer Moslem aus Syrien: »Die Franken sind gar nicht so übel ... Natürlich haben sie ihre Sitten: Zum Beispiel gehen sie mit ihren Frauen ins Dampfbad; das gehört sich nicht, aber letztlich sind es doch anständige

Menschen, sie haben Ehrgefühl.« Christen, die nicht fanatisch waren, dachten ihrerseits genauso.

✠ *Hat nicht die Existenz des großen Heiligen Römischen Reiches ein Gemeinschaftsgefühl wachsen lassen?*

Europa war nie so vereint wie im 12. und 13. Jahrhundert. Die Einheit hing einfach damit zusammen, daß die Europäer dieser Zeit das Gefühl hatten, ein einziges Volk, nämlich das christliche, zu bilden. Auf institutioneller Ebene war es von zwei höheren Kontrollinstanzen eingerahmt, der päpstlichen und der kaiserlichen. Die einzelnen kleinen Länder waren zwar neidisch aufeinander und extrem aufgesplittert, aber doch vereinigt in einem Ganzen, das sie alle umfaßte. Wenn man beispielsweise einen Blick auf eine Chronik aus Amboise aus dem 12. Jahrhundert wirft, sieht man, daß die Leute von Amboise ganz bewußt eine Nation bildeten und die Bewohner von Angers oder Blois als andere Nation betrachteten. Es gab zwar zahlreiche lokale Dialekte, aber dennoch verstand man sich. Als der heilige Dominikus, ein Spanier, in Deutschland predigte, verstand ihn jeder. Die lateinische Christenheit machte die wesentliche Gemeinschaft aus, zusammengehalten durch die zentralisierte Kirche mit ihren Universitäten, in denen ein und dasselbe Wissen in ein und derselben Sprache, Latein, an eine riesige Gruppe weitergegeben wurde. Die Aristokratie ihrerseits war durch die ehelichen Allianzen vereint. Dennoch haben sich ab dem 13. Jahrhundert infolge des materiellen Fort-

67

schritts die Staaten verfestigt. Die inner-europäischen Kriege häuften sich, das Gift des Nationalismus begann Europa zu infizieren. Der Krieg wurde beinahe zum Dauerzustand. Die Menschen empfanden den Hundertjährigen Krieg als einen Dauerkrieg gegen die Engländer, Feinde, die man nicht ertragen konnte, weil es Eindringlinge waren. Aber das war schon fast am Ende des Mittelalters.

✠ *Wenn man heute die Angst vor dem anderen erwähnt, denkt man gleich an die Völker vor unseren Grenzen, in Afrika, im Osten – es ist die Angst vor einer massiven Einwanderungswelle...*

68

Im 13. Jahrhundert glaubt man noch immer, das Volk Gottes müsse von Fremdkörpern, die die Gläubigen anstecken und verderben, gereinigt werden. Man ergreift verschiedene Ausgrenzungsmaßnahmen vor allem gegenüber den Juden, die man für den Tod Christi verantwortlich macht. »Der König von Ägypten und seine Untertanen sind über die Vermehrung der Juden beunruhigt.« Initialenseite (fol. 16 r: Exodus) aus der lateinischen Bibel der Abtei von Mont-Saint-Éloi, 13. Jahrhundert. Arras, Bibliothèque municipale.

Der große Unterschied zum Mittelalter ist: Das Europa der Feudalzeit war kein wie heute relativ wenig bevölkertes Gebiet, umgeben von Ländern mit sehr vielen Menschen, die in es einströmen könnten. Es war genau umgekehrt. Europa war dabei zu wachsen und zu expandieren; es war selbst am Überlaufen. Und tatsächlich hat sich Europa durch die Christianisierung der heidnischen Slawenvölker sehr rasch nach Osten, bis ins Baltikum, ausgebreitet. Durch die Rückeroberung Spaniens, die Befreiung Süditaliens und Siziliens und, für kurze Zeit, durch die Niederlassung im Maghreb hat es sich auch nach Süden ausgedehnt. Man versuchte sogar noch weiter zu gehen: bis nach Konstantinopel, das erobert wurde, bis ins Heilige Land, nach Syrien und Palästina. Die Europäer dieser Zeit hatten nie auch nur das Gefühl, von einer einströmenden Bevölkerungswelle überrollt zu werden. Abgesehen von den mongolischen Horden, die aus dem tiefsten Asien kamen und großen Schrecken verbreiteten.

in loculo in egypto. Inap

oret exodus dicitur L

et su

uskl

egyp

nili o

intro

symo

ysad

uentamin: dan. 7 nepral

rant igitur omis aie eor q

femore iacob. Lxx. Joseph

erat. Quo mortuo. 7 uniu

omiq; cognatione sua: fili

✠ *Heutzutage ist der Frem-*
denhaß auch Ausdruck
einer Angst vor dem Ver-
lust kultureller Identität.
Gab es ein vergleichbares
Gefühl im Mittelalter?

Auch hier haben wir es wieder mit einem großen Unterschied zu tun. Das junge Europa der Jahrtausendwende, das da auf die Welt losstürmte, konnte der byzantinischen und der islamischen Kultur des Südens nicht das Wasser reichen. Das heißt, Europa mußte sich nicht gegen die Bedrohung durch eine von außen kommende Kultur verteidigen. Es hat ganz im Gegenteil von den anderen, sehr viel reicheren Kulturen profitiert. Die intellektuelle und technische Entwicklung Europas im 12. Jahrhundert baut auf dem auf, was die christlichen Eroberer in den arabischen Bibliotheken von Toledo und Palermo gefunden haben. Die Araber hatten ihrerseits das Erbe der griechischen Philosophie und Wissenschaft angetreten, das die Römer vernachlässigt hatten. Euklid, Aristoteles, die Medizin, die Logik, die Astronomie, Ptolemäus – all das entdecken die Europäer tatsächlich erst in den Büchern der Araber. Sie stürzten sich auf diese Schätze, wie wir uns heute auf die Produkte der amerikanischen Kultur. Europa baute seine eigene Kultur mit dem auf, was es von anderen übernahm.

✠ *Das Fremde war in gewis-*
ser Weise auch begehrt.
Konstantinopel beispiels-
weise zog die Europäer
an . . .

Natürlich, auch Spanien. Der ganze Mittelmeerraum war eine faszinierende Welt. Die Kreuzritter hätten sich sicher nicht mit so viel Begeisterung in ein derart gefährliches Abenteuer gestürzt, wenn sie nicht zu wissen geglaubt hätten, was sie am Ende ihrer Reise erwartete: wunderschöne Frauen, Parfüms, Sei-

Die Moslems und die europäischen Christen, die sich im Orient
niedergelassen haben, lernen sich
nach und nach besser kennen,
und oft tritt die Diplomatie an die
Stelle des Kriegs.
Duell zwischen einem Kreuzritter
und einem Mauren. Vercelli, Mosa-
ik aus der Kirche Maria Maggiore.

denstoffe und Perlen. Die meisten sind nicht
wiedergekommen, aber sie sind wie geblendet
von dieser Fata Morgana aufgebrochen.
Die Rollen waren also genau andersherum verteilt. Die Europäer waren die Eindringlinge.
Als der Kaiser von Konstantinopel die ersten

Kreuzritter eintreffen sah, wurde ihm angst und bange. Wir waren die Barbaren.

✠ Zur Angst vor dem anderen gehörte auch die Angst vor dem Außenseiter ...

72

Es gab natürlich Außenseiter, Menschen, die es innerhalb der Gesellschaft nicht aushielten. Denn diese Gesellschaft nahm das Individuum völlig in Besitz, es war gänzlich umhüllt von einer Gemeinschaft, die ihm keine Luft ließ. Es gab Menschen, die diese Enge nicht ertrugen und weggingen. Man unterschied beispielsweise auf dem Land zwischen den Leuten aus dem Dorf und den Leuten aus dem Wald. Die ausgedehnten Wälder waren ein Ort der Freiheit und Unabhängigkeit. Die Menschen, die dort lebten, waren zwar sehr arm, hatten aber dafür dieses große Privileg, frei und unabhängig zu sein.

Es gab also Außenseiter, übrigens auch in den Städten, und sie machten denen angst, die sich mit dem Leben in der geschlossenen Gemeinschaft zufriedengaben. Davon liefern uns auch wieder die Chroniken sehr aufschlußreiche Zeugnisse: Ein Feudalherr, der Graf von Anjou, geht auf die Jagd. Das ist die Hauptbeschäftigung aller Feudalherren, der Könige Frankreichs wie auch der anderen. Er entfernt sich von seinen Gefährten, um ein wildes Tier zu verfolgen, und verirrt sich im Wald. Unterwegs trifft er einen rabenschwarzen, struppigen Mann, der wie ein Wildschwein stinkt. Ein Köhler, der im Wald lebt. Der Graf reagiert spontan mit Angst. Er ist schon drauf und dran, den Mann zu töten oder sich mit ihm zu

schlagen, aber dann beherrscht er sich, bittet
ihn, ihm den Weg zu zeigen, und sie brechen
gemeinsam auf. Unterwegs fragt der Graf von
Anjou den »Wilden«: »Was hältst du eigentlich
von diesem Kerl, dem Grafen von Anjou, unserem Herrscher. Was ist das für einer? Glaubst
du, das ist ein guter Mensch?« Und der Mann
antwortet ihm: »Ja, der ist nicht schlecht, nur
warum halst er uns so viele Abgaben auf, und
warum läßt er die Steuereintreiber nicht wieder ausspucken, was sie uns wegnehmen?« Die
Anekdote zeigt, daß man sich vor dem Mann
aus dem Wald in acht nimmt, weil er als
Gefahr erscheint. Andererseits ist er auch ein
guter Wilder, an den man sich wendet, wenn
man nicht weiter weiß. Das trifft auch auf die
Eremiten zu, die sich in den Wald zurückgezo-
gen haben. In den Ritterromanen hat der Ere-

mit die Rolle des Weisen, der beschwichtigt und versöhnt. Als Tristan und Isolde sich verirrt haben und zu einer Art Aussteigern werden, um ihre Liebe frei leben zu können, treffen sie im Wald auf einen Eremiten, der ihnen sagt: »Nein, das ist nicht gut, ihr müßt ...« Er führt sie langsam aus der Sünde hinaus. Soviel zu den Außenseitern.

✠ *Hat man bestimmte soziale Gruppen im Mittelalter besser beschützt, als wir das heute tun?*

74

Die Verrückten sperrte man im Mittelalter nicht ein. Wie in den islamischen Ländern sah man im Narren einen Mann Gottes, ein Wesen, das auf gewisse Weise an der Kenntnis der unsichtbaren Welt teilhat. Man mußte ihn also respektieren, durfte ihn nicht abschieben. Die Alten, das will ich noch hinzufügen, wurden auch nicht wie heute in Heime gesperrt. Die Menschen beendeten ihr Leben innerhalb der Gruppe, der Familie. Sie wurden nicht wie in unserer Gesellschaft abgeschoben, um abseits vom Blick der anderen zu sterben.

Detail einer Miniatur aus dem Codex Calixtinus (fol. 162 v), 12. Jahrhundert. Santiago de Compostela, Kathedralarchiv.

Die Angst vor
den Seuchen

Die Maler stellen den Ansturm der Pest als einen Regen tödlicher Pfeile dar. Auf diesem Pestbild entsendet Christus aus den Höhen des Himmels die Pestpfeile, die die Körper genau dort treffen, wo die Pestbeulen entstehen. Detail des sog. Göttinger Barfüßeraltars, um 1424. Hannover, Niedersächsisches Landesmuseum.

Das Antoniusfeuer, eine rätselhafte, schreckenerregende Krankheit, verzehrt die Menschen der Jahrtausendwende. Aber es kommt noch schlimmer: Die Schwarze Pest sucht ganz Europa heim und rafft im Sommer 1348 ein Drittel der Bevölkerung dahin. So, wie heutzutage manch einer Aids auffaßt, wird die Seuche als Bestrafung für die Sünden interpretiert. Man sucht nach Sündenböcken und beschuldigt Juden und Leprakranke der Brunnenvergiftung.

In den achtziger Jahren breitet sich Aids aus – die neue Pest. Manch einer dachte sicher, daß Gott auf diese Weise die Sünden bestrafe. Angesichts des Übels werden alte Reflexe wieder wach: die Angst vor dem anderen. »Act Up« organisierte am 21. Mai 1994 in Paris den »Tag der Verzweiflung«.

Fremden wird der Zutritt zu den Städten verboten, weil man sie verdächtigt, das Verderben hineinzubringen. Der Tod ist überall: im Alltag, in Kunst und Literatur. Die Lepra wird als Zeichen sexueller Abweichung interpretiert. Auf den Körpern der Unglückseligen spiegelt sich die Verschmutzung ihrer Seele wider. Die Leprakranken werden deshalb isoliert – eine radikale Ablehnung, die daran erinnert, wie manche Zeitgenossen auf Aids reagieren.

✠ *Auch heutzutage fürchten die Menschen sich vor Seuchen. Wie muß man sich das um die Jahrtausendwende vorstellen?*

80

Zunächst sollten wir uns ins Gedächtnis rufen, daß der allgemeine Gesundheitszustand mit dem der Menschen Schwarzafrikas zu Anfang unseres Jahrhunderts vergleichbar war. Die Bevölkerung war durch ihr Immunsystem gegen Miasmen gewappnet, vielleicht besser als wir heute gegen Infektionen. Andererseits sah es mit Heilmitteln sehr schlecht aus, und die Ernährung war äußerst mangelhaft. Was die Chronisten der Jahrtausendwende am meisten beschäftigt, ist das sogenannte Antoniusfeuer. Heutzutage weiß man, daß diese Krankheit durch den Verzehr von Mutterkorn im Roggenmehl ausgelöst wird. Im Jahre 997 beschreibt sie ein Chronist sehr dramatisch so: »Es ist ein verstecktes Feuer, das eine Gliedmaße angreift, sie verzehrt und vom Körper abfallen läßt. Die meisten Menschen werden innerhalb einer einzigen Nacht von · diesem schrecklichen Brand verzehrt.« Man kannte weder die Ursache noch ein Heilmittel. Also versuchte man alles Erdenkliche. Der Chronist berichtet, daß die Bischöfe Aquitaniens sich auf einer Wiese bei Limoges versammelten. Heiligenreliquien wie beispielsweise der Leib des heiligen Martial, der Schutzpatrons von Limoges, wurden herbeigetragen. Und mit einem Schlag hatte das Übel ein Ende. Das ist sehr bezeichnend. Ein unbekanntes Übel versetzt die Menschen in Angst und Schrecken. Nur das Übernatürliche kann helfen. So bittet man um die Gnade des Himmels und holt die Schutzheiligen aus ihren Gräbern. Als wenig später Paris von einer unbekannten und unheilbaren Krankheit heimgesucht wurde, trug man den Schrein der heiligen Genoveva durch die Straßen. Wellen hoher Sterblichkeit schwappten über die Bevölkerung hinweg und verschwanden so unerklärlich, wie sie gekommen waren – nicht etwa dank des Einschreitens des heiligen Martial, sondern weil der menschliche Körper sich zu verteidigen gelernt hatte. Epidemien also, Tote, viele Tote, während einiger Tage oder Monate, aber von echten Katastrophen kann vor dem 14. Jahrhundert nicht die Rede sein. Dann erst trat das wirklich folgenschwere Ereignis ein: die große Pest, die Schwarze Pest, die ganz Europa furchtbar verwüstete.

81

✠ *Wie hat sich die Pest über Europa ausgebreitet?*

Folgende Seiten: In den Städten, die von der Pest heimgesucht werden, können die Toten kaum noch beerdigt werden. Ohne Sarg werden sie in eilig ausgehobene Gruben geworfen.
Unbekannter Meister, *Die Pest in Löwen im Jahre 1578.*
Löwen, Städtisches Museum.

Sie wurde im wesentlichen von Parasiten, vor allem Flöhen, und von Ratten übertragen. Die Europäer hatten keine Abwehrkräfte gegen diese exotische Krankheit. Die Pest war über die Seidenstraße aus Asien gekommen; die katastrophale Epidemie war also auch eine Folge des Fortschritts, des Wachstums. Der Handel hatte sich entwickelt, Händler aus Venedig und Genua reisten bis zum Schwarzen Meer, wo sie mit Kaufleuten aus Asien in Kontakt kamen. Von der Krim mit ihren genuesischen Handelsniederlassungen wurden der Pestbazillus in den Mittelmeerraum eingeschleppt. Die Schiffe machten zunächst in sizilianischen Häfen Zwischenstation, und Süditalien wurde dann 1347 von der Pest heimgesucht. Dann

»Zwei sah ich sitzend aneinander-
lehnen / wie überm Feuer Pfann an
Pfann gestützt / von Kopf zu Fuß
befleckt mit Schorf und Ausschlag. / Noch nie konnt ich so
eifrig striegeln sehn / (...) wie
diese beiden kratzten / am eignen
Leib mit ihren scharfen Nägeln /
vor lauter Wut, den Kitzel
loszuwerden.«
Dante, *Die Göttliche Komödie,*
Inferno, XXIX. Gesang.
Venezianische Schule, 14. Jahrhundert. Venedig, Biblioteca
Marciana.

84

tauchte die Krankheit in Marseille und Avignon auf. Avignon war damals, 1348, das neue
Rom. Der Papst residierte dort. Und alle Wege
führen nicht nur nach Rom hin, sondern von
dort auch wieder weg. Von Avignon aus hat
sich die Krankheit wie ein Lauffeuer in fast
alle Richtungen ausgebreitet. Ein paar Provin-
zen blieben verschont, aber nicht viele. Man
kann natürlich keine Statistiken aufstellen,
aber im Sommer 1348, von Juni bis August,
scheint ein Drittel der europäischen Bevölkerung umgekommen zu sein. Man muß sich das
einmal so vorstellen: Im Großraum Paris leben

Nach Hippokrates vergiften Miasmen die Luft; der griechische Arzt riet, in den Straßen Feuer anzuzünden, um die Dünste zu zerstören. Man versucht es also mit der reinigenden Kraft der Flammen, die gegen die Pest aber nichts bewirkt.
Titelkupfer der *Gesammelten Werke* des Hippokrates, Venedig 1588. Paris, Bibliothek der ehemaligen Medizinischen Fakultät.

Hippocrates imminentem pestem auertit.

85

heute zwölf Millionen Menschen; ein Drittel, das wären also vier Millionen Tote in drei Monaten! Man wußte nicht mehr wohin mit ihnen. Sie zu begraben war ein großes Problem. Es gab kein Holz mehr für die Särge. Was konnte man tun? Die Medizin und auch die Chirurgie waren damals schon recht weit, wir haben deshalb Augenzeugenberichte von Ärzten. Sie hatten bereits eine Vorstellung von den Ansteckungsmechanismen. Sie wußten, daß sich die Miasmen in schlechter Luft vermehrten. Deshalb empfahlen sie, Duftkräuter in den Straßen zu verbrennen. Aber sie wußten nicht, daß man sich vor den Flöhen schützen mußte. Am wenigsten traf es die, die am saubersten lebten, das heißt ganz einfach die Reichen. Aber die 45 Franziskaner im Kloster von Montpellier beispielsweise, wo man sich wenig wusch, kamen allesamt um. Nichts ist mit dem schrecklichen Schock der Pest von 1348 vergleichbar, höchstens der Mongoleneinfall oder heute Aids in einem schwarzafrikanischen Land.

✠ *Welche Konsequenzen hatte die Schwarze Pest?*

86

Wenn ein Drittel oder die Hälfte der Bevölkerung verschwindet, dann sind die sozialen und mentalen Folgen gigantisch. Plötzlich brauchen sich viel weniger den Kuchen, das Erbe, das Vermögen zu teilen. Die Epidemie hat zu einer allgemeinen Verbesserung der Lebensverhältnisse geführt. Sie hat Europa vor einer Überbevölkerung bewahrt. Ein halbes Jahrhundert lang blieb die Pest in Europa endemisch. Alle vier, fünf Jahre brach sie wieder aus, bis ungefähr um 1400 der menschliche Organismus endlich Antikörper entwickelt hatte. In jeder Atempause wurde das Leben in vollen Zügen genossen. Während der Pestzeiten füllen sich die Archive der Notare mit Testamenten; sobald die Krankheit zurückgeht, mit Eheverträgen. Am deutlichsten sind die Auswirkungen des Schocks meiner Ansicht nach im Bereich der Literatur und der Kunst zu sehen. Tragische Motive, das Thema des Skelettes und des Totentanzes nehmen einen großen Raum ein. Der Tod ist überall.

Das Rechnungsbuch aus Siena erinnert daran, daß von Juni bis Dezember 1437 die Pest grassierte; die Chronisten sagen, sie habe eine hohe Sterblichkeit nach sich gezogen und viele Städter seien zu Tode gekommen. Giovanni di Paolo di Grazia stellt die Pest als Ungeheuer dar, das Pfeile abschießt. *Der Triumph des Todes,* Giovanni di Paolo zugeschriebene Miniatur (fol. 164 r), um 1431 oder 1450. Siena, Biblioteca Communale.

✠ *Kann man die Angst vor der Pest mit der Angst vor Aids vergleichen?*

Wenn man nach den Gemeinsamkeiten der damaligen und der heutigen Ängste sucht, dann ist die Verbindung dort vermutlich am engsten. Denn wie Aids wurden die Seuchen insgesamt und die Schwarze Pest im besonderen als Bestrafung der Sünden aufgefaßt. In ihrer Ratlosigkeit suchten die Menschen nach Verantwortlichen, nach Sündenböcken: das waren die Juden und die Leprakranken. Man sagte,

L'ABBOMINEVOLE RITRATTO DI ALDRVI D'ORSA, INFAME, E PRIMA. CAGIONE DELLA PESTILENSIA DI MILANO.

Weil man die Pest als Strafe Gottes interpretierte, suchte man nach Sündenböcken. Die Juden und die Lepra-kranken dienten als Kristallisationspunkt latenter Ängste und fielen heftigen Gewaltausbrüchen zum Opfer. »Schauerliches Bildnis von Aldrui d'Orsa, dem infamen Verantwortlichen für die Pestilenz von Mailand«. Frontispiz des Gerichtsurteils des Prozesses gegen die Überträger der Pest in Mailand im Jahre 1631.

sie hätten die Brunnen vergiftet. Sie wurden zur Zielscheibe heftiger Gewaltausbrüche, weil sie als Instrument eines rächenden Gottes erschienen, der seine Geschöpfe mit der Krankheit geißelte.

✠ *Zogen diese Krankheiten eine Verbesserung der Heiltechniken nach sich, und veränderte sich der Blick auf die Kranken?*

Ich glaube nicht, daß es einen therapeutischen Fortschritt gegeben hat, zumindest nicht, was das Antoniusfeuer betrifft. Anders bei der Schwarzen Pest. Ein gewisser Fortschritt des medizinischen Wissens läßt sich da schon erahnen. Und vor allem: Die Bereitschaft, den Leidenden zu helfen, steigt geradezu sprunghaft. Etliche Menschen stellten sich freiwillig zur Verfügung, die Toten zu begraben und die Kranken zu pflegen, obwohl sie sehr genau wußten, daß sie dabei ihr Leben riskierten. Mit dem Unglück wuchs auch die Solidarität.

89

✠ *Hatte die Pest eine Verbesserung der Hygiene zur Folge?*

Offensichtlich nicht. Aber die Bevölkerung war im 13. Jahrhundert reinlicher als im 17. Die Gefährten König Ludwigs des Heiligen wuschen sich häufiger als die Ludwigs XIV. Im 14. Jahrhundert verbesserte sich die Hygiene, weil sich die Lebensverhältnisse insgesamt verbesserten. Die Menschen gewöhnten sich an, Unterwäsche zu tragen, Hemden, die man waschen konnte. Aber es gab Ungeziefer. Schwierig, sich dagegen zu schützen! Die Gattung Mensch war geradezu ein Tummelplatz für allerlei Parasiten, und dieses menschlichtierische Ökosystem leistete der Ansteckungsgefahr Vorschub.

✠ *Wie informierten sich die Menschen über die Entwicklung einer Epidemie? Wußten sie beispielsweise, daß die Pest auf dem europäischen Kontinent angekommen war, bevor sie ihre Region erreichte?*

Selbstverständlich. Man war damals sehr mobil. In Avignon wußte man sehr früh, daß die Menschen in Marseille wie die Fliegen starben. Die Stadttore wurden verriegelt. Man schützte sich, indem man sich einschloß. Das machen ja auch die jungen Menschen in Boccaccios *Dekameron*. Die Pest verwüstet Florenz, ein paar junge Männer und Frauen aus gutem Hause ziehen sich aufs Land zurück, um das Ende der Seuche abzuwarten, und unterhalten sich dabei bestens. Bis ins 19. Jahrhundert hinein hat man sich durch Abkapselung zu schützen versucht. Lesen sie nur Giono; er hat sich für seinen Roman *Der Husar auf dem Dach* über die Choleraepidemie von 1832 kundig gemacht. Das gleiche Szenario. Die Städte igeln sich ein. Man verdächtigt den Fremden, das Verderben einzuschleppen, und meidet ihn.

✠ *Gab es Behörden oder Institutionen, die der Bevölkerung Ratschläge gaben?*

Wir haben Aufzeichnungen über die Beschlüsse der Ratsversammlungen in den Städten und Dörfern Südfrankreichs, wo es schon im 14. Jahrhundert Strukturen des öffentlichen Lebens gab. Die Stadträte ergriffen Maßnahmen gegen die Ausbreitung der Krankheit. Im wesentlichen ging es allerdings darum, sich hinter den Mauern zu verschanzen und Fremden den Zutritt zu verbieten.

✠ *Galt die Lepra als ganz besondere Krankheit? Wurden die Leprakranken nur aus Angst vor Ansteckung isoliert?*

Viele Krankheiten wurden als »Lepra« bezeichnet. Jeden Ausschlag, wie beim Scharlachfieber zum Beispiel, jede Hauterkrankung hielt man für Lepra. Vor der Lepra war den Menschen angst und bange: Sie waren überzeugt, daß sich auf dem Körper die Verschmutzung der Seele widerspiegele. Der Leprakranke war allein aufgrund seiner äußeren Erscheinung ein Sünder. Er mißfiel Gott, und seine Sünde brach aus seiner Haut heraus. Man glaubte auch, die Leprakranken würden von sexueller Begierde buchstäblich zerfressen. Diese Böcke mußten ausgesperrt werden. Die Lepra als unheilbare Krankheit galt also als charakteristisches Zeichen sexueller Abweichung, ähnlich wie manche heute über Aids denken.

91

✠ *Dann ist die Parallele zwischen früheren und heutigen Ängsten vor Seuchen hinsichtlich der Lepra wohl besonders augenfällig...*

In der Tat. Man sperrte die Leprakranken ein, so wie Le Pen vorgeschlagen hat, die Aidskranken einzusperren. Aber der heilige Franz von Assisi ist Christus in Gestalt eines Leprakranken begegnet. Der kreuzte seinen Weg, und er hat ihn in seine Arme genommen. Einige fromme Frauen in Nordfrankreich, auch das weiß man, widmeten sich voll und ganz den Leprakranken. Sie badeten und umsorgten sie. In der Umgebung aller Leprosorien lebten mitleidige Christen. Letztlich hat sich diese Krankheit viel unparteiischer ausgebreitet als die Pest. Sie traf nicht nur die Armen. Es hat sogar einen leprakranken König gegeben, König Balduin von Jerusalem.

Die Pest in Rom. Die Brüder von Limburg haben diese Miniaturen, die das Leben des heiligen Gregor illustrieren, um 1410 für eines der Stundenbücher des Herzogs Jean de Berry gemalt. Der Aufenthalt der Brüder am Herzogshof in Bourges erwies sich als fatal: Alle drei starben Anfang 1416, wenige Monate vor dem Tod ihres Gönners.

Von der Höhe der Kanzel von San Giovanni in Laterano ordnet Papst Gregor eine große Prozession an.

Dann sieht man ihn am Mausoleum Hadrians ankommen, das später Engelsburg heißen wird.

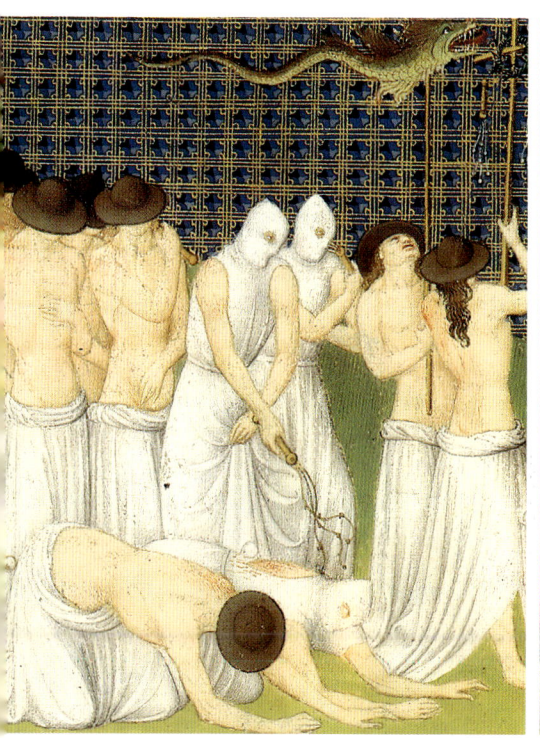

Die dritte Miniatur zeigt
Flagellanten, die es jedoch zur
Zeit Gregors, also im 6. Jahr-
hundert, gar nicht gegeben hat.

Die vierte Miniatur zeigt ein
Massengrab am Fuße der
Engelsburg, in das Leichen gelegt
werden.
Miniaturen aus dem Stundenbuch
Les Belles Heures de Jean Berry,
1410. New York, The Metropolitan
Museum of Art, The Cloisters.

94

✠ *Mitte der achtziger Jahre, als man noch nicht viel über Aids wußte, zeigte man mit Fingern auf Homosexuelle und Drogenabhängige. Heute sieht man im Umfeld der Krankheit neue Solidaritätsnetze entstehen …*

Meiner Ansicht nach hat Aids dem Gedanken der kollektiven Unterstützung mehr neue Impulse gegeben als die materielle Not. Sind die Menschen ausreichend beunruhigt, dann fallen gewisse Schranken. Obwohl unterschwellig auch die Reflexe der Selbstverteidigung wieder wach werden, die Reflexe der Abkapselung, der Angst vor dem Kranken, das perverse Bedürfnis nach Ausgrenzung.

Die Menschen im Mittelalter
bezeichneten alle Haut-
krankheiten als Lepra. Die
Kranken wurden verstoßen und
isoliert; sie galten als von
sexueller Begierde verzehrt.
Aus dem *Spiegel der
menschlichen Errettung:* »Heilung
des aussätzigen Naaman« und
»Durchzug durch den Jordan«,
Flandern, 15. Jahrhundert.
Chantilly, Musée Condé.

Die Angst vor
der Gewalt

So gesittet die Gesellschaft der Vorrenaissance war, so gewalttätig und grausam war sie auch. In Boccaccios Werk wird sie anschaulich beschrieben.
Boccaccio, *Das Buch der edlen Männer und Frauen* (fol. 190 r). Französische Miniatur, 15. Jahrhundert. Chantilly, Musée Condé.

Die mittelalterliche Gesellschaft lebt, stirbt und amüsiert sich inmitten großer Brutalität. Die Bauern sehen die Ritter lieber in den Kreuzzug ziehen oder sich bei Turnieren töten, als daß sie ihnen die Ernte rauben oder ganze Dörfer erpressen. Denn die große Unsicherheit um die Jahrtausendwende geht von den Ritterbanden aus, jungen, bindungslosen Edelleuten, die sich um des Überlebens willen ins Abenteuer stürzen. Sie mißbrauchen schamlos ihre Macht. Auf dem Land hält man sie für die Werkzeuge des Teufels. Die

99

Im Niemandsland der
modernen Vorstädte steht
Gewalt auf der Tagesordnung.

Kirche als Grundfeste der Gesellschaft versucht, sie dazu zu bringen, Gottes Werk zu tun und den Frieden auf Erden zu bewahren, anstatt Gewalt zu säen. Das Phänomen der Straßenbanden läßt nach, als die Kriege zwischen den Staaten beginnen. Die damalige Brutalität läßt sich dennoch nicht mit den zeitgenössischen Metzeleien von Verdun bis Stalingrad vergleichen.

✠ *Unsicherheit und Angst vor Gewalt sind ein Merkmal unserer Epoche. Gab es das auch schon im Mittelalter?*

100

Der Tod und auch der körperliche Schmerz zählten im Mittelalter wenig. Wenn man die Gedichte und Romane liest, die zur Unterhaltung des Adels verfaßt worden sind, dann kann man nur über die Roheit staunen, die dort beschrieben wird. Sport war Krieg oder dieser Kriegersatz, den man Turnier nannte. So ein Turnier hatte nichts mit dem zu tun, was wir da heute im Kino zu sehen bekommen: zwei Ritter, die besonnen, höflich und vor Publikum gegeneinander kämpfen. Stellen Sie sich eher zwei brüllende Horden vor, die aufeinander losstürzen und sich mit aller Gewalt des Gegners, seiner Pferde und seiner Waffen bemächtigen wollen. Sie waren ganz und gar nicht zimperlich. Bei diesen Veranstaltungen starben so viele Menschen, daß die Kirche – allerdings vergeblich – versuchte, sie zu verbieten. Die nämlich fürchtete, daß schließlich nicht genügend Ritter für den Krieg gegen die Feinde Christi übrig bleiben könnten. Die Turniere hatten in dieser außerordentlich gewalttätigen Gesellschaft tatsächlich eine Ventilfunktion.

✠ *Wer war im wesentlichen für die Gewalttätigkeit verantwortlich?*

Die Unsicherheit im 11. und 12. Jahrhundert in den französischen Gebieten ging hauptsächlich auf die Ritter, auf die militärischen Banden zurück. Die Leute vom Land hielten sie für Teufelswerkzeuge. Um die Jahrtausendwende versuchte man, die Ritter daran zu hindern, den anderen zu schaden. Die Chroniken aus dieser Zeit berichten von dem sogenann-

101

Angesichts der von den Rittern verbreiteten Gewalt mobilisierten Kirche und Fürsten um die Jahrtausendwende alle Kräfte, um den Gottesfrieden zu etablieren und kriegerische Handlungen einzuschränken.
Miniatur aus dem ersten Band der *Chroniques* des Jean Froissart, 15. Jahrhundert. Der Autor am Pult.
Er schreibt mit Blick auf eine Schlachtenszene. Paris, Bibliothèque nationale, Ms. français 86, fol. 1.

102

ten Gottesfrieden, einem mehr oder minder gelungenen Versuch, der Gewalttätigkeit der Ritter ein Ende zu setzen. Man rief sie zusammen und postierte in der Mitte Reliquien. Die Bischöfe und Fürsten erklärten: »Wenn ihr nicht verdammt werden wollt, schwört vor Gott und bei eurer Seele, bestimmte Verbote zu respektieren. Ihr dürft euch untereinander töten, aber in Zukunft dürft ihr euch nicht mehr in der Umgebung von Kirchen schlagen, denn das sind Zufluchtsorte für jedermann. An Tagen, da der Passion des Herrn gedacht wird, dürft ihr euch nicht schlagen. Kein Krieg am Freitag also, und auch nicht am Sonntag. Außerdem sollt ihr keine Frauen angreifen, zumindest keine adligen, und auch nicht Händler, Priester und Mönche.« Das hatte eine Art Kodifizierung des Krieges zur Folge. Sie begrenzte die Gewalt auf bestimmte Bereiche, innerhalb deren die Krieger sich streiten konnten – und im übrigen hoffte man unterschwellig, sie würden sich schließlich selbst ausrotten.

Die Darstellung des Foltergartens läßt sämtliche Formen der die mittelalterliche Gesellschaft bedrohenden Gewalt Revue passieren.
Boccaccio, *Das Buch der edlen Männer und Frauen* (fol. 190 r).
Französische Miniatur, 15. Jahrhundert. Chantilly, Musée Condé.

fortune

103

✠ *Waren die Ritter gerade-*
zu »berufen«, Gewalt zu
säen?

104

Um das verständlich zu machen, muß ich an die Heiratsbräuche des Adels dieser Epoche erinnern. Reichtum hieß Grund und Boden, und man fürchtete, das Erbe bei der Weitergabe an die Kinder in Krümel zerstäuben zu sehen. Die Familien verheirateten deshalb nur einen einzigen Sohn. Alle anderen – und es waren viele, denn die Kindersterblichkeit war bei den Reichen niedriger als bei den Armen – mußten ohne legitime Ehefrau, ohne Bindung bleiben. Ihr ganzes Leben waren sie gezwungen, einer Bande anzugehören und sich ins Abenteuer zu stürzen, und das Abenteuer – das Wort stammt aus der Zeit – war militärisch und zerstörerisch. An jeder Ecke lauerte die Gewalt. Die Krieger beuteten die Landbevölkerung aus; das ging so bis ins Ancien Régime hinein. Man sieht es ja heute auch sehr gut in manchen Gegenden Afrikas oder Asiens: Wenn eine Militärmacht nicht mehr an eine entsprechende politische Macht gebunden ist, kann sie verheerend wirken.

Im Zuge der Entwicklung und des Übergangs von der Agrar- zur Geldwirtschaft ist der Reichtum liquider geworden. Das Erbe war leichter teilbar, und die Heiratseinschränkungen für die jungen Männer lockerten sich etwas. Ab dem 13. Jahrhundert drückte sich die Gewalt in einer neuen Form aus, in der des Krieges zwischen den Staaten, die sich inzwischen herausgebildet hatten. Statt von der Ritterschaft drohte die Gefahr jetzt von Wegelagerern und Söldnertruppen, starken Mannschaften aus gesellschaftlichen Außenseitern unter dem Kommando eines Anführers, der mit den Staatsoberhäuptern verhandelte und sich gegen Geld zu diesem oder jenem militärischen Unternehmen verpflichtete. Diese Leute kämpften zu Fuß, und nicht etwa mit dem ritterlichen Schwert, sondern mit gemeinen Waffen wie Spieß und Axt. Die Söldner waren aber äußerst schlagkräftig, und besonders gefährlich wurden sie dem Volk, wenn sie arbeitslos waren: Sie requirierten und marodierten. Auch sie erschienen als Werkzeuge des Teufels. Die Kirche hat sie verdammt, wie Ketzer gejagt, aber die Fürsten konnten nicht auf sie verzichten, und so haben sie Frankreich während des Hundertjährigen Krieges überschwemmt. Dennoch war die Kriegsgewalt unendlich viel weniger zerstörend als in den Konflikten unserer Zeit. Im Mittelalter hat es nichts gegeben, was man mit den Metzeleien von Verdun oder Stalingrad vergleichen könnte.

105

✠ *Gab es irgendwelche Ordnungs- oder Kontrollmächte gegenüber dieser Gewalt?*

Die Kirche hielt die Gewalt in Grenzen. Sie versuchte mit aller Kraft, den Frieden wiederherzustellen, denn der Friede galt als Abglanz des himmlischen Jerusalem, der vollkommenen Ordnung des Himmels. Die Könige waren gesalbt und damit Gottes Statthalter auf Erden. Durch den Ritus der Salbung gehörten sie zum Teil der Kirche an. Ihre Aufgabe war vornehmlich, Frieden und Gerechtigkeit zu wahren. Wenn sie in Reims vom Erzbischof gesalbt wurden, versprachen sie, die Kirche und ihr

107

Erst sind es die Ritter, später dann Banden von Wegelagerern, die die Bevölkerung terrorisieren. Miniatur aus einer Historienbibel von Guiard des Moulins und Petrus Comestor, Ende des 13./Anfang des 14. Jahrhunderts. Montpellier, Musée Atger, Ms. 49, fol. 136 v.

Die klösterliche Kunst des
12. Jahrhunderts mahnt die
Gläubigen, ihre Leidenschaften
zu bekämpfen.
Kreuzritter, die den Sieg der
Freigebigkeit und der
Barmherzigkeit über den Geiz
darstellen. Skulptiertes Kapitell.
Clermont-Ferrand, Notre-Dame-du-
Port, Chor.

108

Volk gegen Gewalt zu schützen. Das war Rolle und Aufgabe des Königs, und er verpflichtete sich, sie so gut es ging zu erfüllen. Als der Staat sich zu Zeiten Ludwigs des Heiligen neu formiert, gelingt es ihm, die Aggressivität der Krieger einzuschränken. Aber den Ausschlag gab doch die Kirche. Sie drohte Friedensstörern mit Strafen im Jenseits, sie sakralisierte das Kriegshandwerk, gebot den Kriegern Opferbereitschaft und machte das Rittertum zu einem quasireligiösen Orden – mit alldem spielte sie eine friedensstiftende Rolle. Die Wirklichkeit des Rittertums war ziemlich finster; Männer, deren Hauptbeschäftigung es war, wilde Tiere zu hetzen und sich aufeinander zu stürzen. Zumindest die Kirche hat sie ab dem 12. Jahrhundert mit aller Kraft davon zu überzeugen versucht, daß sie mit dem auf dem Altar gesegneten Schwert zugleich eine Mission des Königs erhielten: die Waffen nur einzusetzen, um Gerechtigkeit walten zu lassen. Jeder Ritter war ein kleiner König. Und mit seinem Schwert sollte er Gott dabei helfen, den Frieden auf Erden zu wahren, anstatt damit die Armen zu erpressen.

✠ *War dieses Unternehmen, aus Straßenräubern hingebungsvolle Krieger zu machen, denn erfolgreich?*

Teilweise ja, wie alle menschlichen Unternehmen, und zwar im 13. Jahrhundert. Ludwig der Heilige war das Beispiel eines vollkommenen Ritters. Natürlich träumte auch er davon, sein Schwert in den Magen eines Juden oder Moslems zu stoßen, aber jedenfalls nicht in den eines Christen.

Für die Ritter waren der Krieg und sein Ersatz, das Turnier, ein aufregender, aber außerordentlich grausamer Sport. In illustrierten Romanhandschriften sieht man oft, wie der Held Lancelot den Kopf des aus dem Sattel geworfenen Gegners abschlägt und dann den Damen darbringt. Parzival und Lancelot greifen Galahad an. Miniatur aus dem *Roman des Heiligen Gral,* 15. Jahrhundert. Dijon, Bibliothèque municipale, Ms. 527, fol. 81.

✠ *War das Rittertum auch eine mafiöse Erpressungsmaschinerie, um es modern auszudrücken?*

Ursprünglich, im 11. Jahrhundert, ganz bestimmt … Was ist das Lehnswesen? Viele verstreute Schlösser, und in jedem ein Feudalherr, der für die Ordnung um die Festung herum verantwortlich ist. Dafür engagiert er eine Bande von zwanzig, dreißig berittenen Kriegern. Und was machen sie? Sie verteidigen das Land, aber sie beuten es dabei aus, wie sie nur können. Ein einziger Gedanke hält sie davon zurück, alles zu nehmen: Sie hätten damit ihr Kapital zerstört. Die Bauern leisten Widerstand. Ihr bißchen Besitz verbergen sie. Auf diese Weise bildet sich zwischen der Habsucht der Feudalherren und dem Selbstverteidigungsvermögen der Landbevölkerung ein Gleichgewicht heraus.

111

✠ *Wie konnten sich die Bauern denn zur Wehr setzen? Griffen sie ihrerseits zu den Waffen?*

Selbstverständlich. Die Dörfer waren in den stärker besiedelten Regionen befestigt und von einer Art Stadtmauer umgeben. Die Einwohner versammelten sich bewaffnet hinter dem Priester der Gemeinde und verteidigten sich. Der Bauernaufstand, der mitten im Hundertjährigen Krieg in der Ile-de-France ausbrach, war keine Revolte der Armen, was ja häufig angenommen wird, sondern ein Aufstand der reichen Bauern, die nicht länger vom Kriegsvolk ausgenommen werden wollten. Der Krieg dauerte bereits fünfzig Jahre. Man hatte ihnen genug abgepreßt. Sie haben sich bewaffnet und auf die Edelleute gestürzt, auf die Ritter, die Werkzeug der Unordnung waren.

✠ *Gab es neben dieser krie-*
gerischen Gewalt auf dem
Lande auch so etwas wie
städtische Kriminalität?

Es gab natürlich Banditentum. Ein großer Teil dieser armseligen Zuwanderer, die ich vorhin erwähnt habe, lebte von Vergehen unterschiedlichster Art. Wir haben jedoch keine genauen Informationen für die Zeit vor dem 14. und 15. Jahrhundert. Erst ab da kann man eine Geschichte der Kriminalität schreiben. Im Vergleich mit dem, was sich in modernen Großstädten abspielt, scheint mir die damalige Kriminalität eher unbedeutend. Die Leute waren gewalttätig, schlugen sich, aber sie stahlen weniger, als man denken könnte. In den urbanen Lebensräumen entwickelten sich andere Formen von Gewalt. Gegen Ende des Mittelalters lebten in den Städten zahlreiche Junggesellen. Diese jungen Männer waren oft Mitglieder einer Vereinigung, einer Jugendbande mit einem Anführer. Das war eine regelrechte Institution. In jeder Stadt gab es nur eine solche Bande, und sie hatte einige Privilegien. So durften die jungen Männer beispielsweise zu bestimmten Zeiten ihre Triebe ausleben. Man gestattete ihnen das. Ihre wesentlichen Opfer waren marginalisierte Frauen, die nicht in eine Familie eingegliedert waren. Der wichtigste Ritus in diesen Vereinigungen war die Vergewaltigung, die kollektive Vergewaltigung.

✠ *Lief die Gesellschaft ange-*
sichts solcher Gewalttaten
nicht Gefahr, auseinan-
derzubrechen?

Nein. Die gesellschaftlichen Strukturen waren fest genug, um die Gewalt in Grenzen zu halten. Die meisten Auseinandersetzungen regelten die Nachbarn oder die Familien unterein-

Die Kirche bemüht sich, die Gewalttätigkeit der Ritter in Grenzen zu halten. Mit dem Umgürten des auf dem Altar gesegneten Schwertes erhalten sie eine Mission des Königs: diese Waffe nur einzusetzen, um Gerechtigkeit walten zu lassen.
Ein Ritter als Symbol des Krieges. Miniatur aus einer nordfranzösischen Handschrift der Apokalypse, 13. Jahrhundert. Cambrai, Bibliothèque municipale.

ander. Bestimmte Gewalttaten wurden akzeptiert. Der Mann durfte seine Frau grün und blau schlagen, sie unter Umständen, bei Untreue zum Beispiel, sogar töten, verbrennen … Wenn man aber diese Gesellschaft als ganze betrachtet, stellt man fest, daß sie weitaus weniger konvulsiv war als unsere, weniger von dieser inneren Störung betroffen, die der Kriminalität vorausgeht. Innerhalb der gesellschaftlichen Einheiten, in die das Individuum fest eingebunden war, gab es starke Kräfte der Versöhnung. Das hat letztlich ungezügelte Aggressionsausbrüche verhindert.

Die Johannesapokalypse beschreibt die Plagen, die die Menschheit zum Weltende heimsuchen.
Miniatur aus einer im Jahre 975 entstandenen Handschrift des Apokalypsenkommentars des spanischen
Mönches Beatus von Liébana. Gerona, Kathedralarchiv.

✠ *Welche Lehre können wir daraus für uns ziehen?*

Wer heute in Frankreich die Probleme der Vorstädte zu lösen versucht, sollte sich einmal näher ansehen, wie diese Jugendverbindungen funktionierten, die ich gerade genannt habe. Man gestattete einige Dinge, aber nicht alles. Die Jugendbanden in den Vorstädten zu institutionalisieren, ihnen eine echte, kontrollierbare Struktur zu geben, das wäre vielleicht eine Lösung ...

✠ *War die Prostitution mit Gewalttätigkeiten verbunden?*

In dieser Gesellschaft mit so vielen Junggesellen, allen voran der Klerus und dann all die jungen Männer, die erst spät heirateten, war die Prostitution sehr gut organisiert. Alle waren sich darüber einig, daß es für ihre sexuellen Bedürfnisse ein Ventil geben mußte. Die Bordelle wurden von den Stadtverwaltungen völlig offiziell geführt. Gewalt stand da nicht auf der Tagesordnung.

✠ *Wie wurden Kriminelle bestraft? Reagierte die Gesellschaft mit rechtlichen Mitteln?*

Die Brutalität und die Roheit dieser Gesellschaft zeigen sich vor allem in der Art und Weise der Bestrafung von Verbrechern. Die muß spektakulär sein. Tatsächlich wird die Todesstrafe bei nur wenigen Delikten angewendet. In der Regel einigt man sich und bezahlt eine Strafe. Wenn es aber zur Todesstrafe kommt, dann wird sie öffentlich zelebriert. Das Blut muß fließen, alles muß recht grausig und gut sichtbar sein. Sehr viel leichter aber hackt man einem Dieb die Hand oder einem Vergewaltiger sein Geschlecht ab.

**Folter und Hinrichtung Simon
Poulliets, des Bürgermeisters
von Compiègne, in Paris im
Jahre 1346 vor den Augen
einer Gruppe von Priestern.
Miniatur, 14. Jahrhundert.
Besançon,
Bibliothèque municipale,
Ms. 677, fol. 91 r.**

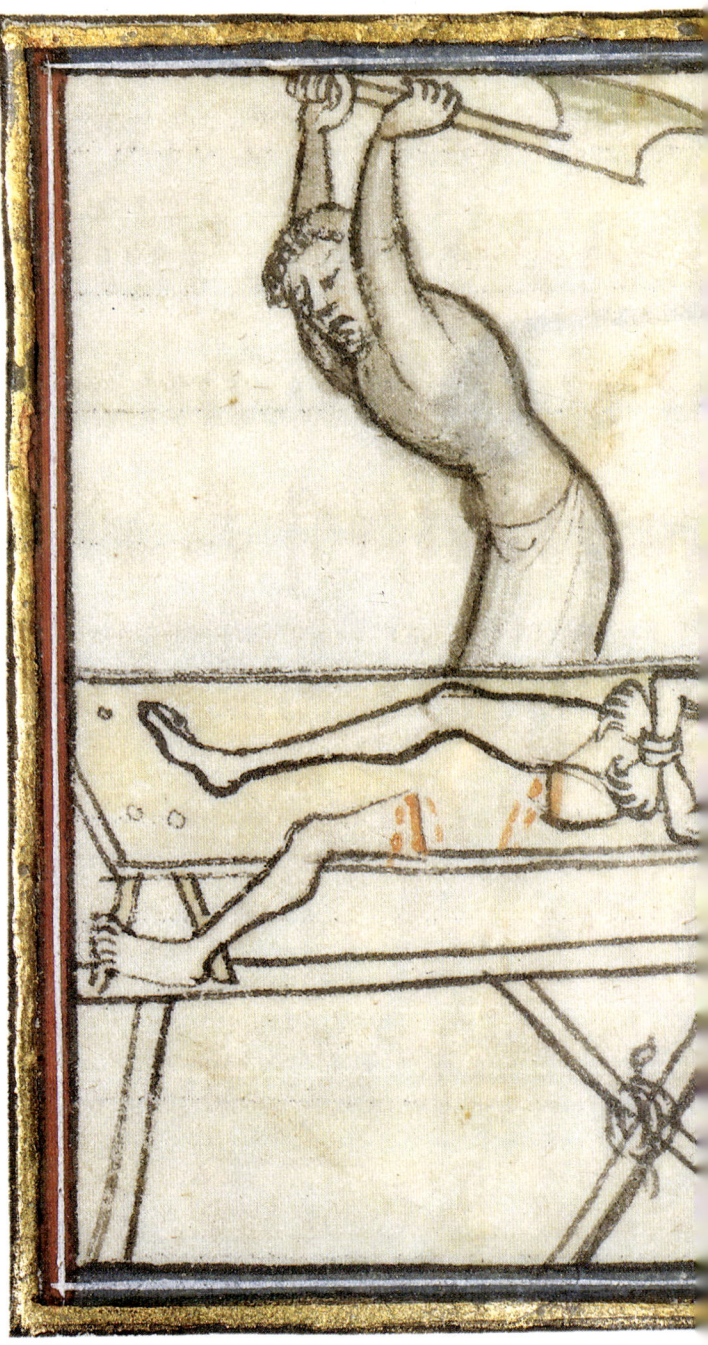

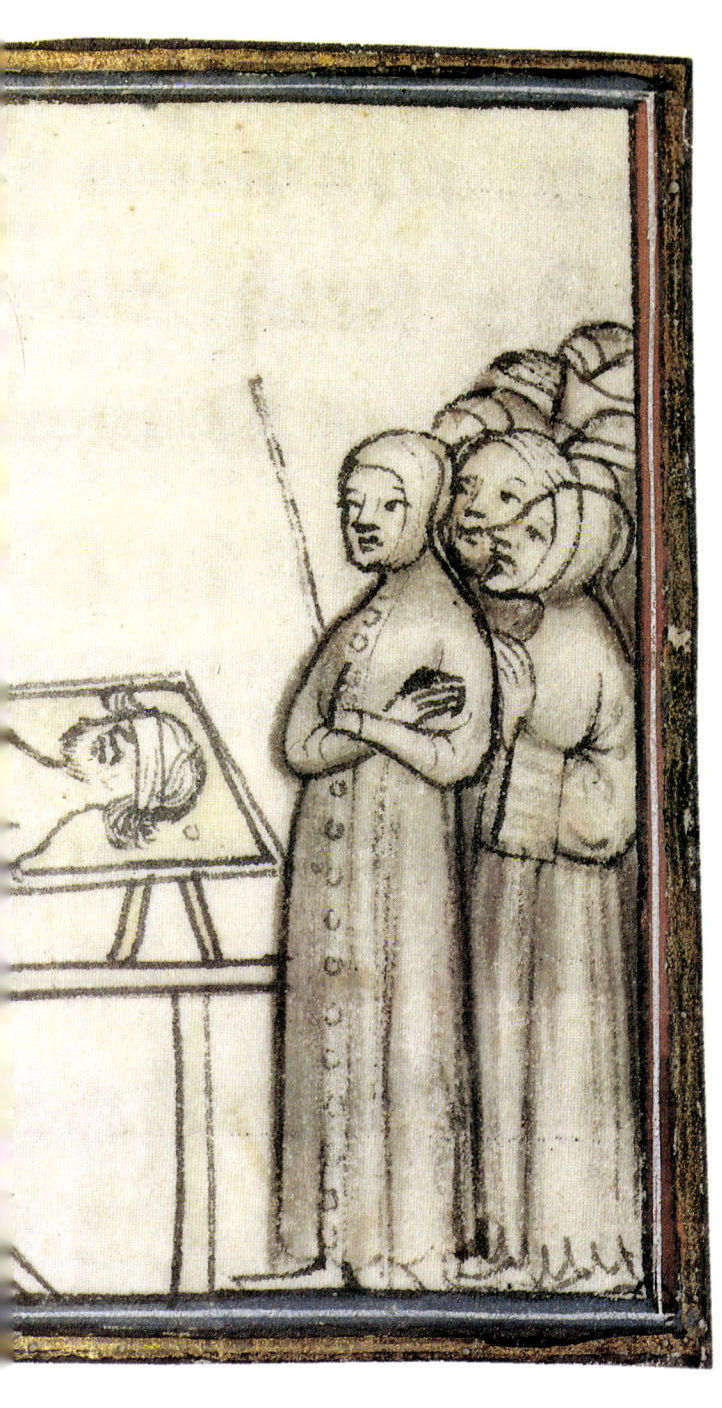

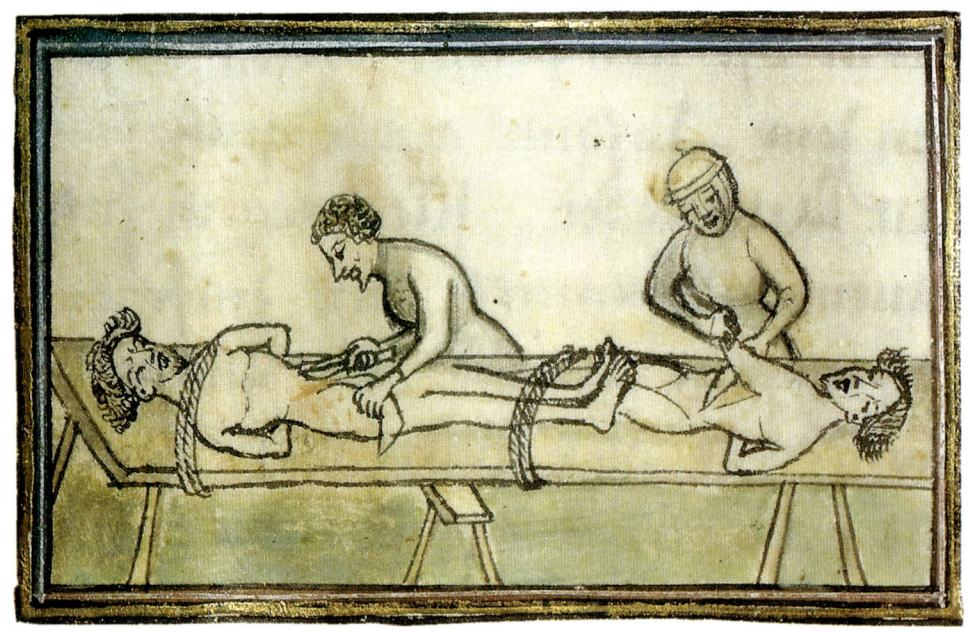

118

✠ *Gab es in den Städten besondere Gefahrenzonen?*

In den großen Städten sicherlich. Aber wir wissen zuwenig, um die gefährlichen Bezirke von den anderen zu unterscheiden. Es gab friedliche Zonen, vor allem den Marktplatz, der besonders bewacht war, weil es dort Geld, verlockende Dinge, Fremde gab, zahlreiche Gelegenheiten für Auseinandersetzungen zwischen Käufern und Verkäufern. Um die Kirchen herum gab es bestimmte, durch Kreuze gekennzeichnete Einfriedungen, innerhalb deren jegliche Gewalt verboten war. Diese Friedhöfe waren nicht nur den Toten vorbehalten. Die Menschen ließen sich dort ganz lebendig nieder und bauten da ihre Häuser.

119

Die Strafen mußten spektakulär sein. Oben: Zwei Ritter, die Ehebruch begangen haben, werden entmannt. Unten: Enguerrand de Marigny wird hinter einem Leiterwagen hergeschleift, bevor er gehängt wird. Miniaturen, 14. Jahrhundert. Besançon, Bibliothèque municipale, Ms. 677, fol. 91 r.

Die Angst vor
dem Jenseits

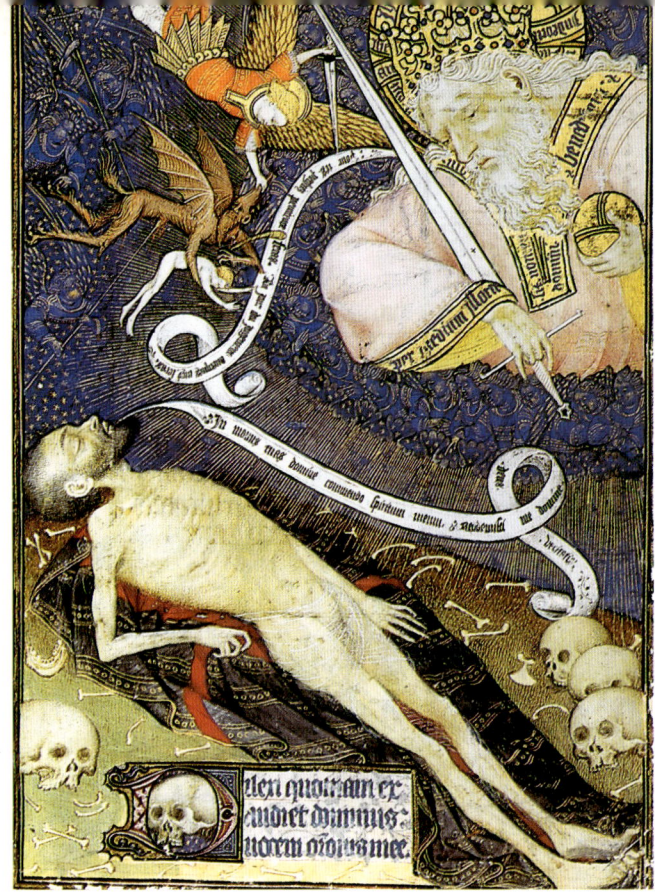

122

Mitte des 14. Jahrhunderts verändert die Schwarze Pest die Haltung des Menschen gegenüber dem Tod von Grund auf. Der Tod, der etwas Normales und Vertrautes hatte, bekommt etwas Tragisches, Allgegenwärtiges und Beängstigendes. Miniatur aus den *Heures de Rohan,* 15. Jahrhundert. Paris, Bibliothèque nationale, Ms. lat. 9471, fol. 159.

Wenn kein Zweifel an der Existenz des Jenseits besteht, ist der Tod nichts anderes als ein Übergang, den man im Kreise der Verwandten und Nachbarn vollziehen muß. Der mittelalterliche Mensch ist davon überzeugt, daß er auferstehen wird und nicht ganz und gar verschwindet. Denn nichts hört gänzlich auf, alles setzt sich in der Ewigkeit fort. Der zeitgenössische Verlust des religiösen Empfindens hingegen hat aus dem Tod eine furchterregende Prüfung gemacht, die

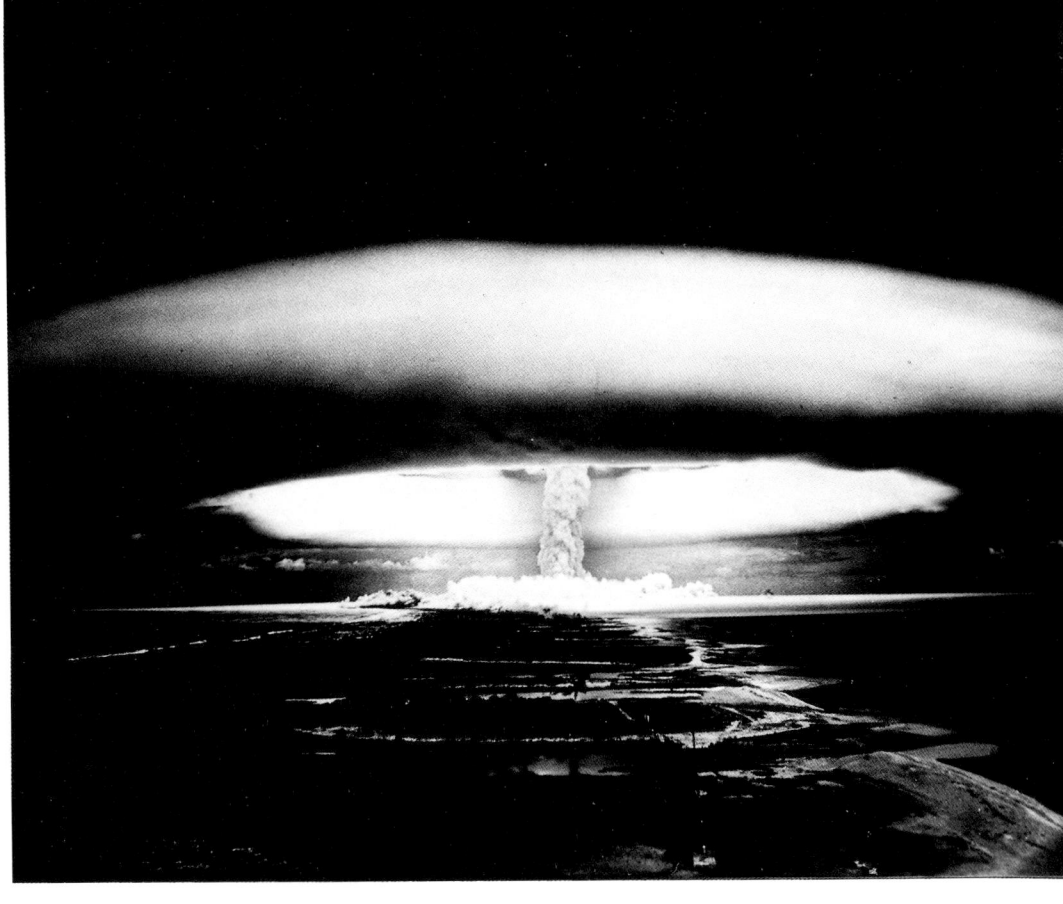

Die Atombombe hat eine neue Angst verursacht: die Angst davor, daß eine Konfliktverkettung zur Vernichtung der ganzen Erde führen könnte.

uns in ein unbekanntes Dunkel stürzt. Sterben hat heute nichts Gemeinschaftliches mehr an sich, und man versucht, sich des Leichnams so schnell als möglich zu entledigen. Mehr als den Tod fürchteten unsere Vorfahren das Gericht Gottes, die Strafe des Jenseits und die Qualen der Hölle. Die Angst vor dem Unsichtbaren existiert noch immer tief im Innersten des modernen Menschen, der zitternd und mit dem Gefühl der Machtlosigkeit auf sein Schicksal blickt.

✠ *Wie sah die Angst vor dem Tod um die Jahrtausendwende aus?*

124

Im Mittelalter versammelt sich die ganze Verwandtschaft um den Sterbenden. Auch der Arzt, die Bediensteten und die Vasallen sind dabei. Der Sterbende diktiert sein Testament. Die Initiale zeigt die Witwe. Miniatur (fol. 56 r) aus der lateinischen Handschrift *Justiniani in fortiatum*, 14. Jahrhundert. El Escorial, Bibliothek.

Ich frage mich, ob die Menschen wirklich genausoviel Angst vor dem Tod hatten wie wir. Damals zweifelte niemand daran, daß das Universum einen unsichtbaren, unerkennbaren Bereich hat und daß die Grenze zwischen diesem Bereich und der Welt hier unten durchlässig ist. Das Leben geht nach dem Tode weiter. Die Toten sind stets gegenwärtig, vor allem während bestimmter Zeremonien, in denen die Lebenden mit ihnen verbunden sind. Die Glaubensbrüder in den Klöstern rufen sie beständig in Erinnerung; es ist eine ihrer Aufgaben, den Toten regelrecht zu dienen. Sie sollen den Seelen helfen, sich in jener Sphäre zurechtzufinden, an deren Existenz man glaubt, wenn man auch nichts Genaues darüber weiß.

Der Tod ist ein Übergang, den man feierlich vollzieht. Und genau dort sehe ich auch einen großen Unterschied im Vergleich mit unserer Kultur. Für uns ist der Tod etwas Störendes: Man muß sich des Leichnams so schnell wie möglich entledigen. Er wird möglichst unauffällig zur Grabstätte gebracht. Im Gegensatz dazu sind im Mittelalter die ganze Familie, die Hausbewohner, die Bediensteten und die Vasallen, einfach alle, um das Totenbett versammelt. Der Sterbende muß ganz bestimmte Gesten vollziehen, sich aller Dinge entledigen und seinen Besitz unter denen verteilen, die er liebt. Er muß außerdem seinen letzten Willen bezeugen, die, die ihn überleben, zu besserem Verhalten mahnen und sich natürlich all den Riten unterziehen, die ihm helfen sol-

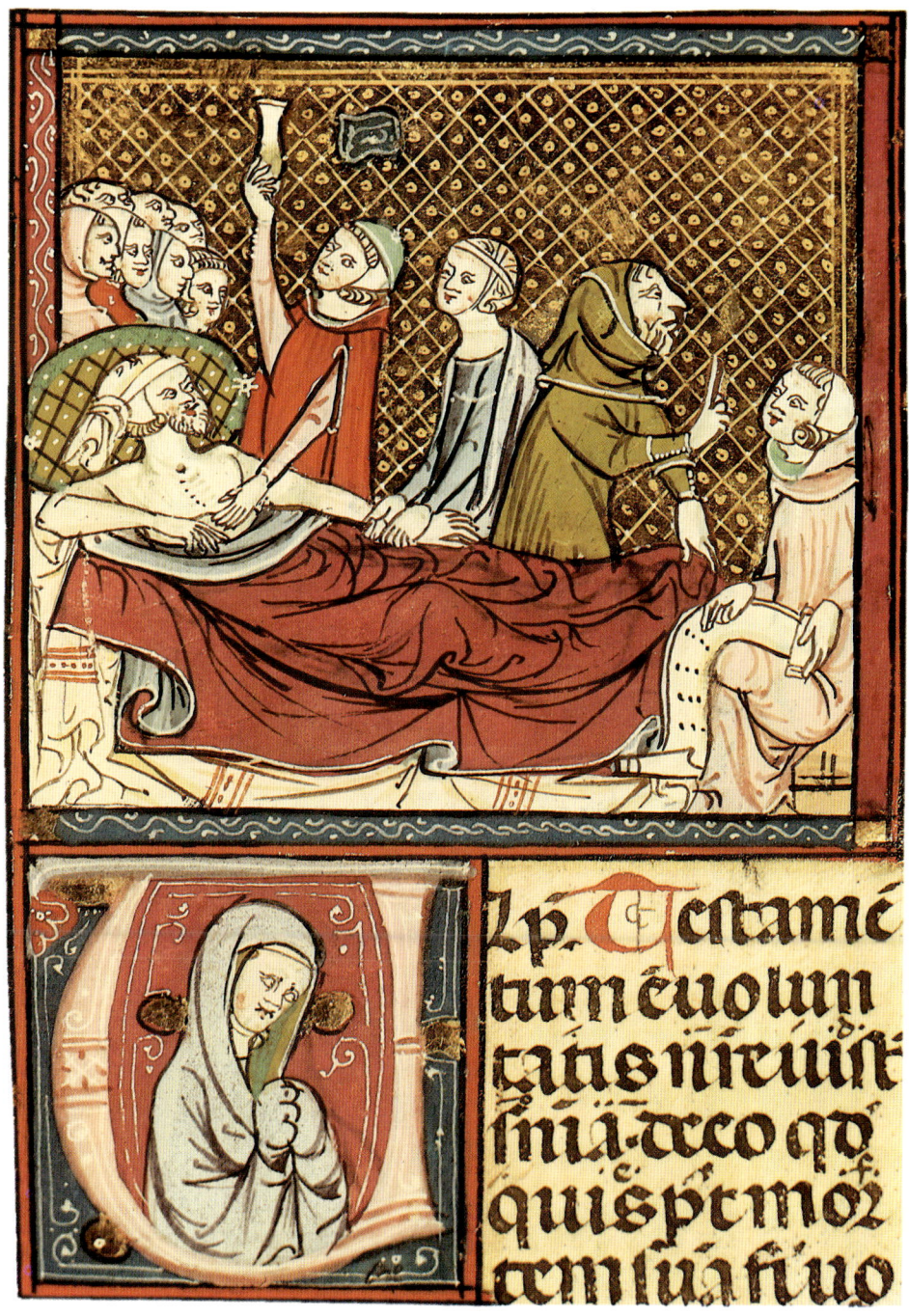

lp. Testamé
tum euolun
tatis nřcuist
sniá. dcco qd
quis ptmor
tem suá sivo

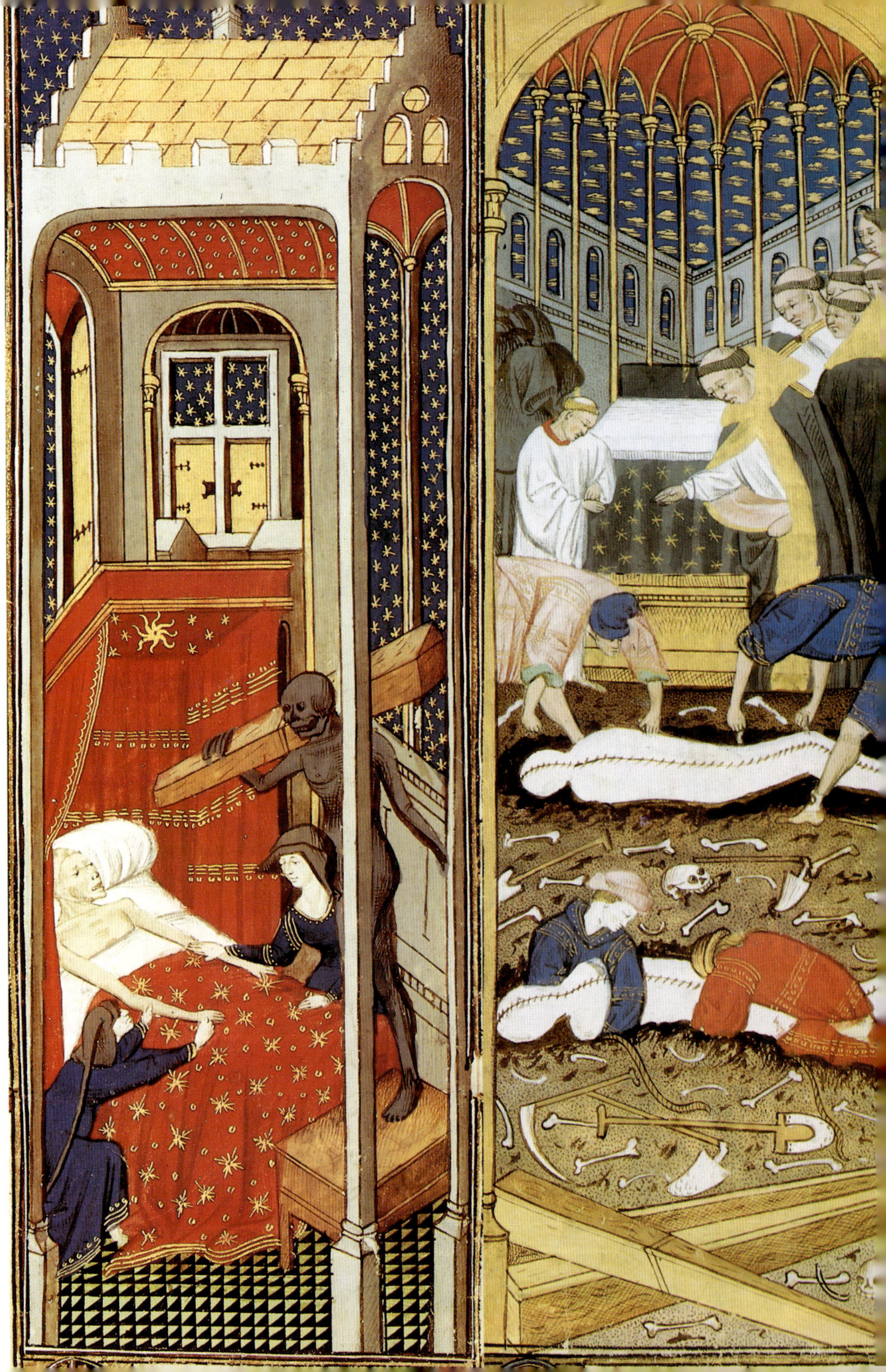

len, im Jenseits einen nicht allzu unangenehmen Platz einzunehmen. Dem Leichnam wird dann eine sorgfältige Pflege zuteil. Man bahrt ihn feierlich auf und bringt ihn schließlich in die Kirche. Und dort wird während der Totenwache ein letzter Ritus vollzogen, der meiner Ansicht nach die Verbindung der Lebenden mit den Toten sehr deutlich zum Ausdruck bringt: ein Bankett. Alle Familienmitglieder und Dorfbewohner werden an die Tafel geladen, an deren Kopf derjenige seinen Platz hat, dessen Seele bereits woanders ist. Die Armen aus der Umgebung sind mit dabei, und man serviert ihnen Essen. Ein letztes Mal kommen sie in den Genuß der Großherzigkeit des Toten.

127

✠ *Es sieht so aus, als bedauerten Sie den Verlust dieser Riten...*

Ja, das stimmt, ich bedaure ihn. Ich glaube, der Tod hatte durch das sichere Wissen, nicht ganz und gar zu verschwinden, etwas weniger Beängstigendes – durch diese Gewißheit, in anderer als körperlicher Gestalt die Wiederauferstehung zu erwarten. Dank dieser Zeremonien war der Tod nicht ein solcher Absturz in ein unbekanntes Dunkel, wie er es heute für viele ist.

Reiche wurden oft im Innern der Kirche beigesetzt, Arme in Beinhäusern. Miniaturen aus den *Heures de Rohan*, 15. Jahrhundert. Paris, Bibliothèque nationale, Ms. lat. 9471, fol. 196 und 182.

✠ *Wie erklären Sie sich die veränderte Haltung dem Tod gegenüber? Resultiert sie aus dem Verlust des religiösen Empfindens, aus dem technischen Fortschritt oder aus Erkenntnissen der Biologie?*

Da kommen meiner Ansicht nach zwei Dinge zusammen. Ein ganz wesentlicher Faktor ist natürlich der Glauben. Niemand zweifelte an der Existenz eines Jenseits. Jedermann war davon überzeugt, daß nichts aufhört, daß sich alles in der Ewigkeit fortsetzt. Ein zweiter Faktor ist auch hier die Solidarität. Die der Familienangehörigen und Nachbarn, die das Individuum zwar auf manchmal fast unerträgliche Weise unter ihre Fittiche nahmen, ihm aber auch halfen, dem Leben die Stirn zu bieten, und die ihm vor allem bei dieser schwierigen Prüfung des Sterbens beistanden.

128 ✠ *Augenblicklich läßt sich eine diffuse Zukunftsangst beobachten, die sich beispielsweise darin niederschlägt, daß so viele Menschen Wahrsager und Magier konsultieren. Gab es diese Angst schon im Mittelalter?*

Es gab eine Erwartung, die des Weltendes. Ein Tag wird der letzte sein, der Jüngste Tag. Dann wird eine unvorstellbare, eine ewige und unendliche Zeit anbrechen. Was aber die Menschen damals meiner Ansicht nach noch mehr fürchteten, war das Gericht, die Strafe im Jenseits. Man muß sich nur die auf uns gekommene mittelalterliche Kunst ansehen – und staunt, welche Rolle die Darstellungen der Höllenqualen spielen.

✠ *Wie stellten sich die Menschen des Mittelalters die Hölle vor?*

Zahlreiche Darstellungen, ob Malereien oder Skulpturen, erinnern hartnäckig an die Allgegenwart der Hölle. Sie zeigen die Hölle in Form eines monströsen, weit aufgerissenen Schlundes, der die Verdammten verschlingt. Im Innern dieses dunklen Bauchs peinigen Flammen und Dämonen mit allen möglichen

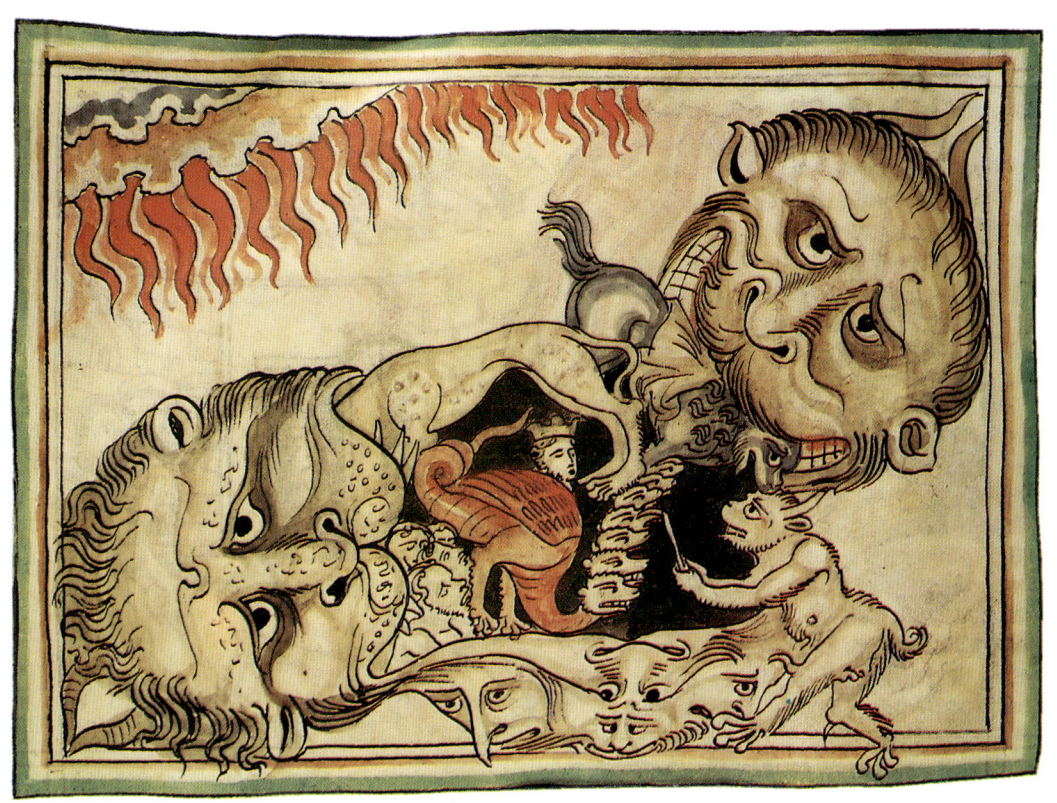

Ein unterirdisches Reich, das sich
auftut, um die Verdammten zu
verschlingen: Die Vision von der
Hölle nährt die Angst vor der Sünde.
Miniatur aus einer Handschrift der
Apokalypse, nördliche Schule.
Cambrai, Bibliothèque municipale.

Folterinstrumenten die Leiber der Verstoße-
nen. Eine Anhäufung von physischen Schmer-
zen und Torturen, vergleichbar denen, die
man Schwerstkriminellen auferlegte.

✠ *Bekam die Hölle dank dieser Darstellungen etwas fast Vertrautes? War sie aufgrund ihrer Allgegenwart weniger beängstigend, oder ist sie das eher heute, infolge ihrer Tabuisierung?*

Die Hölle war als ein sich aufzwingendes und bestürzendes Bild jedermann jederzeit präsent. Sie war vermutlich der virulenteste aller Angstkeime in den Menschen dieser Zeit. Ihre eigenen Sünden waren die Bedrohung, denn die würden bestraft werden. Man versuchte mit allen Mitteln, mit Gebeten, Bußen und Talismanen, der Verdammnis zu entkommen. Der Glaube an ewige Strafen, die ein rächender Gott den Ungehorsamen ankündigt, ist heutzutage zurückgegangen. Das ist in meinen Augen eine Befreiung. Aber wie groß auch der Fortschritt des Wissens sein mag, ich habe das Gefühl, in unserer heutigen Zeit glauben noch immer viele Menschen an dämonische Kräfte, selbst unter den Intellektuellen. Die Leute sind angesichts der Unsicherheiten schlechter gewappnet, als man denkt.

130

✠ *Wie macht sich dieser Glaube Ihrer Meinung nach bemerkbar?*

An dem außerordentlichen Erfolg, den Scharlatane in unserer Gesellschaft haben, die alle mögliche Arten von Talismanen verkaufen, um feindselige Mächte zu besiegen, die Zukunft vorauszusehen und sich gegen böse Kräfte zu schützen. Der Erfolg all dieser Leute, die die Heilung körperlicher oder seelischer Leiden versprechen, läßt vermuten, daß die Angst vor dem Unsichtbaren noch ziemlich tief in uns festsitzt.

Um die Angst vor der Hölle zu mildern, wird Ende des 12. Jahrhunderts das Fegefeuer erfunden. An diesem Ort der Qualen bleibt die Solidarität zwischen Lebenden und Toten erhalten. Sie macht Hoffnung, der Verdammnis entkommen zu können. Miniatur aus dem *Psalterium liturgicum*, 13. Jahrhundert. Chantilly, Musée Condé, Ms. 10/1453, fol. 110.

131

✠ *Festsitzt ungeachtet des wissenschaftlichen Fortschritts …*

Ja, ich glaube sogar, daß wir uns gerade in dem Maße, wie unser Wissen anwächst, mehr und mehr darüber klar werden, daß es unerklärliche Dinge gibt. Viele seelische Krankheiten rühren ganz sicher aus dem Gefühl der

Die Darstellung der Arche Noah als Bild der Hoffnung bezeugt, daß dank der göttlichen Gnade jeder Mensch, der guten Willens ist, der allgemeinen Strafe entgehen kann.
Miniatur aus einer im Jahre 975 entstandenen Handschrift des Apokalypsenkommentars des Beatus von Liébana. Gerona, Kathedralarchiv.

Ohnmacht angesichts des Schicksals. Früher hat es geeignete Therapien gegeben, die beruhigten. Die christlichen Riten der Beichte und Buße, ein ganzes System an Gesten, mit deren Hilfe der Sündige sich reinwaschen konnte, spielten ungefähr die Rolle, die in unserer Gesellschaft die Psychoanalyse eine Zeitlang zu spielen versucht hat. Diese Riten linderten die Angst vor der Hölle, die um so größer war, als es lange Zeit eben nur das Paradies und die Hölle gab, nichts anderes. Das war so beunruhigend, daß die Gesellschaft sich das Fegefeuer ausgedacht hat. Jacques Le Goff hat gezeigt, wie diese Erfindung mit der Entwicklung des Handels und der Buchhaltung einherging. Just am Ende des 12. Jahrhunderts, als der Warenaustausch Blüten zu treiben beginnt, keimt die Idee von einer Art Handel zwischen dem Allmächtigen und den Menschen auf: Alle Gewinne aus guten Taten der Lebenden können auf ein Konto des Verstorbenen überwiesen werden, damit der sich von seiner Schuld freikaufen kann. Auch hier haben wir es wieder mit tröstlicher Solidarität zu tun: Denn die auf der Erde Verbliebenen konnten durch ihre guten Werke und ihre Gebete den armen Seelen die Zeit im Fegefeuer verkürzen.

133

✠ *Der Boom religiöser Sekten heutzutage ist beunruhigend. Gab es sie schon in der mittelalterlichen Gesellschaft?*

Innerhalb des einheitlichen Systems des Christentums tummelten sich im Mittelalter zahlreiche ketzerische Ideologien. Die Kirche gab sich große Mühe, alle Abweichungen auszurotten. Sie ist gegen die Albigenser in den Kreuzzug gezogen. Vor allem das klerikale System provozierte Widerstand und Revolten. Und in dieser Hinsicht sind selbst die Ketzereien, die in einem ganz und gar schlechten Licht standen, auch ein Zeichen der Lebendigkeit dieser Epoche, in der sich unausweichlich die Freiheit des Denkens herausbildete.

✠ *Heute sterben ganze Arten aus, die Umwelt wird zerstört – sind unsere Ängste nicht zugespitzter als die des Mittelalters?*

Ja. Und da liegt meiner Meinung nach auch der deutlichste Unterschied. Das Thema der Ökologie drängte sich natürlich in einer Welt, in der die Naturgewalten etwas Erschreckendes hatten, gar nicht auf. Die Menschen stellten sich auch nicht die Frage nach dem Verschwinden der menschlichen Gattung. Sie waren ja sicher, daß es passieren würde. Sie wußten nur nicht, wann. Sie waren sicher, daß es eines Tages keine Menschen mehr auf der Erde geben werde, weil sie alle entweder im Himmel oder in der Hölle sein würden.

✠ *War man sich damals bewußt, daß Arten aussterben können? Hatte man beispielsweise eine Ahnung von dem Verschwinden der Dinosaurier?*

Nein. Man wußte wohl, daß es Zivilisationen gegeben hatte, die ausgestorben waren. Die römische Zivilisation hatte ihren Höhepunkt gehabt und war dann verfallen. Das wußte man, weil man die Überreste wunderbarer Bauwerke gefunden hatte. Es gab ein Gefühl für den Verfall der Dinge. Die Menschen begriffen durchaus, daß die Zivilisationen sterblich sind, was wir jetzt wieder entdecken. Aber sie hatten keinerlei Vorstellung davon, daß Tierarten von einem Tag auf den anderen hatten verschwinden können.

Vorhergehende Seiten: Der Leviathan, der die Verdammten verschlingt, ist das Symbol aller Martern. Die Darstellung läßt sich dabei durchaus auch als Sozialkritik lesen, sind doch auch Könige, Kleriker und Ritter unter den Verdammten. Die Hölle erscheint somit als Werkzeug einer immanenten Gerechtigkeit, die Ausgleich für die irdische Ungerechtigkeit schafft.
Links ein Ungeheuer, das einen Menschen verschlingt, rechts der Teufel und sein Altar.
Chauvigny, Église Saint-Pierre, 12. Jahrhundert.

Die Menschen des Mittelalters beobachten die Sterne, um ihr Schicksal zu erkennen. Im Jahre 1066, als die Normannen England erobern, erscheint ein Komet, möglicherweise der Halleysche. Detail des Teppichs von Bayeux, um 1080. Bayeux, Centre Guillaume le Conquerant.

✠ *Und was sahen die Menschen, wenn sie in den Himmel blickten? Hatten sie das Gefühl, die einzige menschliche Gattung zu sein? Waren sie sich der Ausmaße des Universums und seiner möglichen Gefahren bewußt?*

Sie waren davon überzeugt, daß die Erde der Mittelpunkt des Universums sei und daß Gott nur einen Mann und eine Frau geschaffen habe, Adam und Eva, und ihre Nachkommen. Sie stellten sich keine anderen bewohnten Räume vor. Das, was sie am Himmel wahrnahmen, die regelmäßigen Bewegungen der Sterne, drückte für sie die Vollkommenheit der göttlichen Ordnung aus. Wenn sich innerhalb dieser Ordnung Unfälle ereigneten, waren sie zutiefst beunruhigt. Ein Komet beispielsweise oder eine Finsternis, der Blutregen, den man niederrieseln sah, wenn der Sand der Sahara durch heftige Winde bis nach Europa getragen wurde, all das war für sie ein Beweis dafür, daß der Himmel unzufrieden war, daß sich irgend etwas ankündigte. Oder es wurde als Mahnung interpretiert, die göttliche Ordnung noch mehr zu respektieren.

✠ *Diese Angst vor Naturkatastrophen scheint sich heute wieder breitzumachen ...*

Von Zeit zu Zeit rufen uns Katastrophen in Erinnerung, daß der Mensch in all seiner Macht, die er durch die Entwicklung von Wissenschaft und Technik gewonnen hat, angesichts der Naturmächte dennoch hilflos ist.

138

✠ *Versuchten die Menschen, die Zukunft vorherzusagen?*

Ja, natürlich. Die Astrologie spielte eine beachtliche Rolle und war eng mit dem Fortschritt der Astronomie verbunden. Wenn man die Sterne so genau beobachtete, wenn die Gelehrten der Pariser Universität Mitte des 13. Jahrhunderts ein so ungeheures Wissen über die Gesetze der Welt hatten, daß sie die Länge des Meridians fast haargenau errechnen konnten, dann vor allem deshalb, weil sie die Planetenkonstellation herausarbeiten wollten, unter der ein Individuum geboren war, um dann sein Horoskop zu erstellen und die Zukunft vorherzusagen. Es drängt sich wieder eine Frage auf: Glauben Sie tatsächlich, daß sich unsere Zeit von diesem Aberglauben gänzlich befreit hat? Man beuge sich nur ein

Der Totentanz lehrt, daß alle Menschen ungeachtet ihrer sozialen Position unerbittlich ein und demselben finsteren Schicksal unterworfen sind. Paris, Bibliothèque nationale.

Mortales dominus cūctos i luce creauit Vt capiāt meritis
gaudia sūma poli. Felix ille quid qui mēte iugiter illuc Di-
rigit atqz Vigil noxia queqz cauet Nec tū infelix scele ris quē
petet acti Quiqz suū facin⁹ pfligere sepe solet Sz Viuūt hoī
nes tāq̃ mors nulla sequat̄. Et Velud isterī⁹ fabula Vana fo
ret, Lū doceat sēsus Viuētes morte resolui Atqz Hebzei pēas
pagia sacra probet. Quas q̃ nō metuit isfelix p̃ Vet amēs. Di
ut: et extict⁹ sētiet ille rogū Sic igitur cūcti sapiētes Viuere
certēt Vt nichil inferni sit metuēda palus

bißchen über die Abgründe des Bewußtseins, und man wird Haltungen entdecken, die denen unserer Vorfahren ziemlich nahe sind.

✠ *Hat die Angst vor dem Weltende, die im Mittelalter so präsent war, all die Jahrhunderte überlebt?*

140

Das ist etwas, was fortbesteht. Meine Mutter beispielsweise rechnete mit dem Weltende. Was unsere Vorfahren taten und dachten, lebt in uns immer noch weiter. Wenn wir ein bißchen im Bewußtsein unserer Zeitgenossen herumkramen würden, dann fänden wir noch genügend Leute, die an die Möglichkeit eines plötzlichen Endes der menschlichen Geschichte glauben. Ich entsinne mich an die ersten Atomversuche. Die Leute fragten sich, ob das nicht Kettenreaktionen auslösen könne, die das ganze Universum hochjagen. Wenn man heute hört, daß das Bevölkerungswachstum so schnell voranschreitet, daß in einigen Jahrzehnten die Erde ihre Bewohner nicht mehr ernähren kann, fragt man sich, was aus der Gattung Mensch werden wird. Wenn man daran denkt, daß die Dinosaurier so schlagartig verschwunden sind, daß man Eier entdeckt, aus denen die Tiere noch nicht ausgeschlüpft waren, dann führt das schon zu der Vorstellung, daß auch die Gattung Mensch, durch ein komplettes Versagen der Immunabwehr beispielsweise, ausgelöscht werden könnte.

✠ *Gibt es Ihrer Ansicht nach heute Anzeichen einer spirituellen Erneuerung?*

Ich sehe vor allem, daß der Materialismus eine große Mehrheit der Menschen nicht befriedigt. Sie sind auf der Suche nach etwas, was darüber hinausgeht.

»Und in jenen Tagen werden die Menschen den Tod suchen und nicht finden, werden begehren zu sterben, und der Tod wird von ihnen fliehen.« Offenbarung, 9, 6. Nach dem Erschallen der fünften Posaune kommt eine Heuschreckenplage über die Erde. Miniatur aus einer um 1050 entstandenen Handschrift des Apokalypsenkommentars des Beatus von Liébana (Apokalypse von Saint-Sever).
Paris, Bibliothèque nationale, Ms. lat. 8878, fol. 145 v.

Fotonachweis

Printed in Italy
by Grafedit S.p.A.
Azzano San Paolo (BG)